# GUIDE-BLEU

# NICE

## Pratique et Pittoresque

PUBLIÉ PAR

LACOSTE & G. PIETRI

SOUS LES AUSPICES

DES JOURNALISTES

*8° 17x*
*25885*

GUIDE-BLEU

# Nice Pratique et Pittoresque

# GUIDE-BLEU

# NICE
## Pratique et Pittoresque

PUBLIÉ PAR

### A. LACOSTE & G. PIETRI

SOUS LES AUSPICES

DU SYNDICAT DES JOURNALISTES & DES GENS
DE LETTRES DES ALPES-MARITIMES

DEUXIÈME ÉDITION

**PRIX : 1 Fr. 50**

(Avec le plan de la ville de Nice et des environs)

NICE
IMPRIMERIE VICTOR-EUGÈNE GAUTHIER ET Cº
27, Avenue de la Gare, 27

1888

# AVERTISSEMENT

A une époque où la facilité des communications rend tout le monde voyageur, il n'est pas de livre plus intéressant et moins indispensable qu'un *Guide*; or, Nice possède-t-elle un Guide qui remplisse ces conditions essentielles : exactitude, concision, bon marché ?

Sans vouloir être désagréable à nos devanciers, nous répondons hardiment : — « Non. »

Les Guides publiés jusqu'ici sont, les uns trop prolixes, les autres trop sommaires ; ceux-ci ont le tort de ne pas être des ouvrages de poche, c'est-à-dire facilement maniables et portatifs ; ceux-là ont cet autre défaut capital, d'être cotés un prix qui n'est pas accessible à toutes les bourses, car c'est une erreur grave de croire que l'étranger ne *compte* pas.

Nous avons voulu remplir ces lacunes, et si nous sommes compris, on verra que notre prétention est en somme bien modeste.

Nous n'avons point eu l'ambitieux désir, en effet, de présenter du nouveau sur Nice, quoique pareille à ces infatigables coquettes qui savent rester éternellement jeunes et éternellement belles, elle ajoute chaque année un nouvel attrait à ses charmes, un nouveau bijou à sa parure. Nous nous sommes contentés de rééditer ce que beaucoup d'autres ont déjà dit avant nous sur son climat, sa topographie, les agréments de son séjour, etc. ; seulement, tout en le disant d'une façon complète, nous avons évité de tomber dans la superfétation ; nous nous sommes restreints à la promenade descriptive, au courant de la plume, nous contentant de fermer les vides forcément laissés dans les monographies antérieures à celle-ci, par les développements successifs de la cité ; enfin nous avons essayé de faire du *Guide-Bleu* un recueil utile, en même temps qu'économique.

Sur ce dernier point essentiel, il nous a suffi de limiter notre cadre, d'en bannir systématiquement, sauf la carte de la ville, les plans et vignettes, dont l'exactitude et l'exécution artistique ne justifient pas toujours le prix excessif, de laisser de côté une foule de renseignements secondaires qui, sans nécessité absolue, grossissent d'ordinaire les publications analogues (\*).

L'excellent *Annuaire des Alpes-Maritimes*, dirigé par le sympathique archiviste du département M. Moris, nous permet de réaliser cette économie typographique et, par suite, de vendre le *Guide-Bleu*, un prix relativement médiocre. Celui de nos hôtes d'hiver qui aura besoin, par hasard, d'une indication administrative ou commerciale, n'aura qu'à pénétrer dans un café, chez un libraire, chez le premier commerçant venu qui se fera un plaisir de mettre à sa disposition, pour le consulter sur place, l'Annuaire dont il s'agit.

(\*) Nous aurions voulu cependant pouvoir joindre au *Guide-Bleu*, une carte de la campagne environnante; nous nous sommes heurtés là à une foule de difficultés matérielles qui, si nous avions passé outre, nous auraient fait totalement manquer le but économique que nous nous sommes proposés.

On trouvera soit à la Bibliothèque Municipale, soit chez les principaux libraires, le plan détaillé des faubourgs. En ce qui concerne la campagne et en général le bassin de Nice, on pourra également consulter avec fruit les différentes cartes levées par les officiers du corps d'Etat-Major et publiées par le Dépôt de la Guerre. Ces cartes sont en vente au prix de 60 centimes chacune. Nous devons mentionner aussi une carte très complète dressée par la Compagnie Générale des Eaux.

Nous avons donc pu sans inconvénient réduire la partie pittoresque et descriptive à cette proportion juste milieu : ni trop, ni trop peu, qui est, selon nous, la qualité maîtresse d'un Guide, nous bornant à fournir à ceux qui viennent à Nice pour la première fois, les seules informations pratiques qui ne sont pas de la compétence d'un Annuaire.

Avons-nous réussi ? Nous le croyons et nous avons l'espoir de faire passer cette conviction dans l'esprit de nos lecteurs.

# Guide-Bleu

## PREMIÈRE PARTIE
### *NICE PRATIQUE*

### CHAPITRE PREMIER

Les Alpes-Maritimes. — Nice et son Histoire. — L'Annexion du comté de Nice en 1860.

Le département des Alpes-Maritimes dont Nice est le chef-lieu est situé au Sud-Est de la France, et est borné : au Nord et à l'Est, par les Alpes ; à l'Ouest, par les départements du Var et des Basses-Alpes ; au Sud, par la Méditerranée, qui le baigne sur une étendue d'environ 176 kilomètres, en suivant une côte sinueuse, depuis le golfe de la Napoule jusqu'au pont Saint-Louis (frontière franco-italienne), au delà de Menton.

Ce département — qui a été formé, à l'annexion de 1860, de la plus grande partie de l'ancien comté de Nice et de l'arrondissement de Grasse détaché du Var, — doit son nom à la chaîne de montagnes qui descend depuis le col de Tende jusqu'à la mer.

On peut diviser les Alpes-Maritimes en trois zones.

La zone de l'oranger, de la vigne, etc., s'étend de la côte jusqu'aux cantons de Contes, de Levens, de Puget-Théniers, de Villars, de Vence, de Grasse, de Saint-Vallier. Le climat y est très doux et la culture très soignée.

La seconde zone s'étend des cantons que nous venons de nommer jusqu'à ceux de Breil, de Sospel, d'Utelle, de Saint-Martin-Lantosque, de Saint-Sauveur, de Guillaumes, de Coursegoules, de Saint Auban. La culture y est un peu délaissée. Néanmoins, la vigne, l'olivier, les légumineux, les arbres fruitiers, les céréales y sont d'un très bon rapport.

La troisième zone comprend ces derniers cantons et une partie de ceux de Villars, de Puget-Théniers, de Roquesteron, de Saint-Auban et de Saint-Vallier. C'est la zone des hautes montagnes, c'est-à-dire des forêts et des pâturages. Le pays qu'elle renferme est généralement aride ; les voies de communications y manquent entre plusieurs communes. On y rencontre cependant quelques vallées assez

---

## Monte-Carlo-Monaco
# HOTEL DE RUSSIE
*(Voir aux annonces.)*

fertiles, au fond desquelles coulent des torrents souvent infranchissables et aux abords parfois dangereux.

Le département des Alpes-Maritimes se divise en sept bassins, dont un bassin principal et six bassins secondaires.

Le bassin principal, celui du Var, reçoit les eaux de la Vésubie, de la Tinée et de l'Esteron. Le Var coule sur un parcours d'environ 106 kilomètres.

Les bassins secondaires sont ceux de la Roya, du Loup, de la Siagne, de la Cagne, de la Brague, et du Paillon, — ce fleuve qui coule à sec à travers Nice et dont les Niçois sont si fiers.

* * *

Le département des Alpes-Maritimes est subdivisé en trois arrondissements — dont les chefs-lieux sont Nice, Grasse et Puget-Théniers, — en vingt-cinq cantons et en cent cinquante-deux communes.

Il appartient à la 9e division militaire, dont le quartier général est à Marseille. Il est le chef-lieu

## J. KANDLER

Pipes, Cannes, Bois de Nice, Maroquinerie

20, AVENUE DE LA GARE, 20

NICE

de la 29ᵉ légion de gendarmerie et du XXIVᵉ arrondissement forestier.

Il fait partie du ressort de la Cour d'Appel et de l'Académie d'Aix.

Les arrondissements de Nice, de Puget-Théniers, de Grasse forment le diocèse de Nice ; le territoire des îles Lérins dépend de celui de Fréjus.

Nice compte 78,480 habitants, d'après le dernier recensement.

\*\*\*

Nous ne parlerons pas davantage du département des Alpes-Maritimes ; mais un *Guide pratique et pittoresque* de son chef-lieu obligeait de donner un aperçu de sa physique générale. Les personnes qui voudraient se renseigner plus amplement sur ce département n'auront qu'à consulter les nombreux ouvrages qui s'en occupent et qu'on trouve dans presque toutes les bibliothèques de notre ville.

\*\*\*

Les armes de Nice sont d'argent à une aigle couronnée issant de gueules sur trois rochers de sinople, avec deux branches de palmier pour support. La devise est : *Nicæa civitas* ; les ducs de Savoie y avaient ajouté : *fidelissima* ; aussi représente-t-on cette ville sous les traits d'une femme — d'une jolie femme, naturellement — debout sur un rocher que viennent lécher les flots bleus de la mer. Elle tient d'une main un glaive, de l'autre un bouclier décoré d'une aigle rouge ; à ses pieds repose un chien, symbole de sa fidélité.

*\*
\* \**

Nice (*Nikè*, victoire) fut fondée l'an 350 avant J.-C. par une colonie de Phocéens de Marseille, en souvenir d'une victoire remportée sur les Ligures et dans le but de servir de barrière entre les deux nations rivales.

Les Romains ayant fait la conquête des Alpes-Maritimes, établirent à Cimiès le siège de leur gouvernement.

Nice est florissante jusqu'en 314 après J.-C. En 387, les Barbares envahissent le pays et les Alpes-Maritimes deviennent tour à tour la proie des Lombards, des Goths et enfin des Francs.

Pendant les ix$^e$ et x$^e$ siècles, les Sarrasins dévastèrent à diverses reprises tout le littoral, s'établirent sur plusieurs points et s'y fortifièrent, notamment à Eze et à Saint-Hospice.

Après leur expulsion, la contrée fut sagement gouvernée par Guillaume, comte de Provence, et par quelques-uns de ses successeurs. Au xii$^e$ siècle, la féodalité s'y était fortement constituée et parmi les familles les plus puissantes, les Grimaldi occupaient le premier rang. Les villes et les communes n'en cherchèrent pas moins à se rendre indépendantes et plusieurs y réussirent en rachetant les droits seigneuriaux.

En 1388, le comté de Nice se donna au duc de Savoie, et le Var servit dès lors de limite entre la France et le Piémont.

Pendant les siècles suivants, les Alpes-Maritimes furent le théâtre de luttes longues et sanglantes entre les armées qui s'en disputèrent la possession. Les invasions des impériaux en 1524 sous les ordres du connétable de Bourbon au service de Charles-Quint ; des Austro-Piémontais en 1536, commandés par Charles-Quint et le duc de Savoie ; des Austro-Piémontais, en 1590 ; des Français, de 1691 à 1706, sous le maréchal Catinat et des Austro-Sardes, en 1746, furent surtout désastreuses.

Un traité, signé à Paris, le 24 mars 1760, rectifia les limites entre la France et les Etats Sardes.

A la révolution de 1789, la maison de Savoie, ayant pris parti pour les Bourbons auxquels elle était alliée, un corps de volontaires marseillais envahit le comté de Nice qui, à la grande joie de

---

## NICE
# BUFFET DE LA GARE
### CUISINE RECOMMANDÉE
*Déjeuner à 3 fr. — Dîner à 4 fr.*
VINS COMPRIS

ses habitants, fut annexé à la République et forma le département des Alpes-Maritimes.

C'est à l'administration française et à l'intelligence du préfet Dubouchage, dont le nom sera toujours vénéré par la population, que Nice doit son lycée — alors collège national, — la route de la Corniche et l'endiguement du Paillon.

En 1814, Nice fut de nouveau rendue à la maison de Savoie qui rétablit ses anciens privilèges et la reconstitua place forte. Mais le maréchal de Berwick démantela enfin les remparts de la forteresse du Château, et Nice redevint une ville commerciale et une station d'hiver des plus recherchées.

Enfin, après les guerres d'Italie, Victor-Emmanuel cède le comté de Nice et la Savoie à la France. Cette cession est ratifiée par un plébiscite enthousiaste et l'annexion est votée par 8,458 voix contre 205.

Le 14 juin, le pavillon italien qui flottait au Château est amené, et les couleurs françaises le remplacent, tandis que la foule, amassée devant la

---

## J. BARBIERI
NICE — 54, AVENUE DE LA GARE, 54 — NICE
Epicerie et Comestibles de choix
Dépôt exclusif des Vins fins et Cognacs de la Maison
**E. Garraud**, propriétaire, à Bordeaux.

Préfecture, applaudit à outrance, au milieu des cris prolongés de : *Vive la France !*

Une pluie fine tombe sur la ville, c'est l'eau lustrale de l'annexion : Nice se fait française.

* * *

Avec l'annexion commence pour Nice une ère nouvelle de prospérité. C'est une sorte de curiosité qui s'empare de tout le monde au dedans et au dehors. Ce que la capitale compte de plus élégant, et l'étranger de plus aristocratique se donne rendez-vous dans la nouvelle ville française. Le développement de la voie ferrée contribue puissamment à cette vogue. L'empereur Napoléon III et l'Impératrice achèvent de la mettre à la mode, par un court séjour qu'ils viennent y faire.

Dès lors, le succès de Nice comme station d'hiver est assuré, et tous ceux qui y ont passé quelques mois retournent avec empressement, l'année suivante, dans ce pays enchanteur, sur cette plage ensoleillée, où les froids décembres sont mis en serres, où éclate la floraison la plus splendide, la plus gracieuse, la plus variée, pendant qu'on grelotte à Paris et qu'on se gèle le nez à Saint-Pétersbourg.

# CHAPITRE II

Nice au point de vue géographique. — La végétation, la mer, le climat. — Observations météorologiques. — Ressources médicales. — Du choix d'un logement.

Abritée des vents du Nord, de l'Est et de l'Ouest par les montagnes qui s'étagent autour d'elle, Nice est mollement étendue au fond du golfe de la Baie des Anges, dont les flots viennent mourir au pied des villas élégantes et des cottages gracieux.

On peut, du haut du mamelon que couronnait jadis la forteresse du Château, se rendre exactement compte de la situation géographique de la ville et de quels avantages Nice jouit, au point de vue du climat. Le panorama est des plus charmants. Au fond, les sommets neigeux des Alpes se dressent sur le bleu délicat du ciel ; au bas de ces pics hardis aux étranges découpures, de petites collines qui entourent la ville d'une ceinture bariolée, où éclate toute la gamme des verts et où fleurissent discrètement, entre les touffes d'oliviers et les buissons d'orangers, les couleurs les plus diverses et les plus chatoyantes.

Puis, au milieu de l'amphithéâtre que forment les collines et les montagnes, c'est la ville avec ses jardins aux végétations luxuriantes, ses larges avenues s'ouvrant entre les riches villas, sa magnifique Promenade des Anglais qui, en suivant la côte sur une longueur de plusieurs kilomètres, déroule le double ruban des plantations qui la bordent.

Et de tout cela, des jardins, des avenues, des cottages, il monte un parfum attiédi fait des senteurs exquises des fleurs et des brises salines de la mer.

La mer... Quel spectacle splendide que cette Méditerranée ! Les Niçois ne savent pas en apprécier toute la beauté, habitués qu'ils sont à la rencontrer à chaque pas sous leurs yeux. Mais en revanche, l'étranger ne peut se lasser de la vue de ce lac bleu qui tantôt se berce paresseusement, avec un bruit monotone et doux comme une cantilène, tantôt, hurlant, se soulève dans une pulsation énorme, crachant au loin son écume blanche, au milieu du bruit continu des galets qui roulent sur la grève. Aujourd'hui c'est une jolie femme, se pâmant sous le baiser du tiède soleil de décembre ; demain ce sera une bacchante affolée secouant à tous les vents sa chevelure humide, dans le flamboiement fauve de la lumière.

---

## NICE
### CHOCOLATERIE ET CONFISERIE GÉNÉRALE
### A. D. CARREGA
47, Avenue de la Gare, 47.

Et la campagne de Nice, avec ses vallons ombreux, remplis de plantes grimpantes aux feuillages délicats, ses prairies herbues égayées du sourire des fleurs champêtres... Nous aurons d'ailleurs le plaisir de parler, dans tous leurs détails, des environs de Nice, lorsque nous nous occuperons particulièrement des promenades. Mais par ce que nous venons de dire, le lecteur aura pu suffisamment apprécier quelle doit être en ce pays enchanteur la douceur du climat et quels avantages rencontreront à Nice, les personnes dont les forces sont affaiblies.

*
\* \*

Le climat de Nice est essentiellement tonique. C'est pourquoi il convient surtout aux lymphatiques, aux anémiques, aux scrofuleux, aux cachectiques, aux convalescents, à tous ceux qui ont vieilli avant l'âge, soit par excès de travail, soit par abus des jouissances physiques.

A cause de ses brusques changements, ce climat ne saurait, en conscience, être recommandé aux

---

### SALON DE COIFFURE ET PARFUMERIE

## REBROIN et Fils

NICE — *47, Avenue de la Gare, 47* — NICE

N.-B. — Premier magasin à droite en descendant de la Gare.

personnes dont le système nerveux est devenu très irritable, dont les maladies vont rapidement vers un dénoûment fatal. C'est l'avis de tous les médecins qui ont écrit sur Nice et ses ressources médicales ; aussi ne saurions-nous trop engager les malades qui désireraient passer l'hiver sur notre littoral, à consulter leur docteur avant d'entreprendre le voyage. Ne prend-on pas conseil auprès d'un homme de l'art, avant d'aller aux eaux ? Le cas est absolument le même ici : aller à Nice lorsqu'un ciel du Nord vous conviendrait, ce serait se rendre à Vichy, quand les eaux d'Orezza vous sont ordonnées.

\*  \*
\*

Voici maintenant, d'après les docteurs Lubanski et Macario qui ont traité dans divers ouvrages de Nice et de sa température au point de vue médical, ce que nous pouvons recommander à nos lecteurs au sujet du choix d'un logement à Nice.

Le voisinage de la mer, c'est-à-dire la promenade des Anglais, le quai du Midi, les Ponchettes, le Lazaret — ce dernier quartier principalement, — convient aux malades atteints de phtisie. On sait en effet que l'air de la mer est très propre à combattre la consomption. Ces quartiers sont aussi recommandés aux malades languissants, ayant des sécrétions et des exhalations profuses.

Les personnes nerveuses feront bien de choisir un logement un peu éloigné de la grève, dans des quartiers plus humides, où l'air est plus mou, plus sédatif. Nous recommandons à ces personnes les nouveaux quartiers de Nice, les alentours de l'avenue de la Gare.

Les sujets rachitiques, scrofuleux, atteints de bronchite humide, de chlorose, d'anémie, de maladies des voies digestives, devront préférer les maisons situées le long des quais qui bordent la rive droite du Paillon. le quai Masséna et le quai Saint-Jean-Baptiste. La rue Saint-François-de-Paule, la promenade du Cours, la rue du Pont-Neuf leur sont aussi recommandées. D'autant plus que ces dernières rues sont situées au centre de la ville, à quelques pas des théâtres, des cercles, du casino et des bibliothèques publiques.

Enfin les personnes très nerveuses, très irritables, devront habiter de préférence la campagne de Nice, où l'air de la mer arrive plus affaibli, moins chargé de substances marines et plus efficace pour le traitement de la maladie dont ils sont atteints.

Les villas que l'on rencontre dans la campagne sont généralement bien situées, exposées au midi, confortablement meublées ; et, comme elles sont en très grand nombre, le prix de location n'est pas trop élevé. De grands boulevards relient les divers quartiers de la campagne de Nice aux principales artères de la ville ; les voies de communication sont donc faciles et agréables.

Parmi ces derniers quartiers, nous citerons tout particulièrement le vallon de Magnan, Sainte-Hélène, Saint-Philippe, Cimiez et Carabacel.

Nous ne nous étendrons pas plus longtemps sur ce point ; les conseils d'un médecin éclairé ne feront jamais défaut aux étrangers qui viendront passer l'hiver à Nice.

Pour terminer ce chapitre, nous mettrons sous les yeux de nos lecteurs quelques-unes des observations météorologiques faites à Nice, de 1849 à 1869, par M. J. Teysseire, membre de la Commission météorologique de France.

A Nice, la moyenne de la température est de 15°,7.
A Paris, la moyenne est de 10°,7 ; à Prague, elle est de 7°,12 ; à Munich, de 5°,7.

*⁎*

La moyenne de la pression atmosphérique est de 760$^{mm}$,8. Ce chiffre atteint presque celui de la

---

### Nice. — TERMINUS-HOTEL — Nice
En face la Gare. — Ouvert toute l'année
**S. SCHERER, Propriétaire**
Correspondant de la Compagnie Internationale des billets circulaires d'hôtels.

pression moyenne générale au niveau de la mer qui varie suivant la latitude de 760 à 762 millimètres.

* * *

La température moyenne est de $8°,5$, en hiver ; $14°,5$, au printemps ; $22°,2$, en été ; $16°,6$, en automne.

* * *

Voici maintenant l'état de l'atmosphère ; on pourra par là se faire une idée de la pureté du ciel de Nice, justement vanté :

| | |
|---|---:|
| Jours sans nuages (en vingt ans) | 4.385 |
| Jours nuageux (en vingt ans) | 1.547 |
| Jours plus ou moins pluvieux (en vingt ans) | 1.348 |
| Jours non observés | 28 |

Ce qui donne pour une année moyenne, en négligeant les fractions :

| | |
|---|---:|
| Beaux jours | 219 |
| Jours nuageux | 77 |
| Jours pluvieux | 67 |

## P. LORENZI Fils
### NICE — Au Pont-de-Magnan — NICE
Vingt Médailles. Premier Prix. Trois Diplômes d'honneur
*Graines pour semences, pépinières d'orangers et d'arbres fruitiers.*

Enfin pour les six mois que les étrangers viennent passer à Nice, on obtient les nombres suivants :

Beaux jours .................................. 102
Jours nuageux ................................ 41
Jours pluvieux ............................... 36

Pour ce qui concerne les vents, les tableaux dressés par M. J. Teysseire donnent une moyenne annuelle de 88 jours de vents plus ou moins forts, 257 jours de vents faibles et 21 jours absolument calmes.

Nous ajouterons que les vents qui dominent à Nice sont : l'Est, le Sud-Ouest et le Sud.

Le mistral (N.-O.) qui est si terrible et dont la Provence a tant à souffrir, est très rare ici où il ne s'est fait sentir que 58 fois en ving tans.

Il neige très rarement à Nice. M. J. Teysseire dit avoir vu la neige tomber 27 fois en vingt années. Six années en ont été absolument exemptes.

Le grésil est plus rare encore.

Quant à la grêle, elle est généralement inoffensive à Nice et dans les environs de la ville.

Les brouillards sont très peu fréquents. C'est à peine si l'on en observe deux fois par an et encore sont-ils peu épais et n'exhalent-ils aucune odeur suffocante comme dans les pays septentrionaux.

* * *

M. J. Teysseire ajoute que les médecins ont quelquefois agité la question de savoir « si les phénomènes d'excitation qu'ils remarquent souvent chez les personnes malades ou saines nouvellement arrivées à Nice, et *demeurant dans le voisinage de la mer*, ne tiendraient pas à la présence d'un excès d'ozone sur le littoral. »

Voici le résumé des observations de M. J. Teysseire :

| | | | |
|---|---|---|---|
| A | 20 mètres de la mer; moyenne | ......... | 6,3 |
| A | 82 — | ......... | 7,1 |
| A | 220 — — | ......... | 6,1 |
| A | 1.200 — — | ......... | 6,4 |
| A | 1.370 — — | ......... | 7,0 |

Comme on le voit, l'ozone est partout abondant, mais il ne l'est pas plus au bord de la mer qu'ailleurs.

Les personnes qui voudraient avoir de plus amples détails au sujet des observations météorologiques, pourront consulter l'ouvrage publié en 1872, par M. J. Teysseire : *Vingt ans d'études météorologiques faites à Nice*. Elles verront que la réputation de cette ville n'est point usurpée, comme le prétendent les stations rivales, et elles en seront d'ailleurs bien vite convaincues par des arguments irréfutables, — des chiffres qui, nous pouvons l'affirmer hardiment, n'ont pas variés depuis que la mort a malheureusement interrompu les intéressants travaux du savant susnommé.

---

FRUITS CONFITS. — FLEURS SUCRÉES

### NÈGRE JOSEPH

CANNES — 20, Rue d'Antibes — CANNES

FABRIQUE A GRASSE

PRIX-COURANT ENVOYÉ SUR DEMANDE

# CHAPITRE III

Les Niçois. — Leur caractère et leur attitude vis-à-vis de l'étranger. — Le dialecte niçois. — Un abus à réprimer. — Divers modes de paiements usités à Nice.

Quand on visite une contrée pour la première fois, on a intérêt à connaître le caractère des gens avec lesquels on va se trouver en rapport.

Nice offre un mélange de mœurs italiennes et de mœurs françaises qui frappe l'étranger dès son arrivée dans cette ville. Il y a quinze ans à peine, le beau sexe de Nice s'habillait encore avec cette recherche outrée des couleurs éclatantes, en un mot avec ce mauvais goût dans la toilette dont l'Italie possède le secret. Aujourd'hui nos jeunes mondaines ont fait de grands progrès et la mode de Paris n'est suivie nulle part avec autant de rigueur qu'à Nice. C'est que la population se *francise* peu à peu, perd ses vieilles coutumes pour se mettre à l'unisson avec le reste du pays.

---

Il est indispensable de connaître la
## PHARMACIE GÉNÉRALE FARAUT
### NICE, 20, Boulevard du Pont-Neuf, NICE

*Très renommée pour la modicité de ses prix
ainsi que pour le soin apporté dans la préparation des médicaments.*

Le contact devenu plus fréquent des Niçois avec l'étranger concourt tous les jours davantage à faire de Nice une cité — au point de vue des mœurs, — de plus en plus cosmopolite. Néanmoins le caractère particulier de l'habitant n'a pas encore disparu et le Niçois de notre époque reste, sur ce chapitre, absolument le même que celui d'il y a trente ans.

Le Niçois est indolent. Cela tient certainement au climat du pays, et l'on a de la peine à reconnaître, à travers un indigène des rives du Paillon, le phocéen infatigable, rompu à la lutte qui l'a engendré. Car le Niçois n'est point travailleur du tout : s'il vend du soleil et des fleurs, c'est parce que la nature, bonne fille, les lui fournit en abondance et qu'il n'a pas besoin de se fatiguer pour les confectionner lui-même. Si le soleil et les roses se fabriquaient dans une usine, il n'aurait jamais songé à en faire le commerce.

Le Niçois est bête à force d'être bon, et cette bonté le prive de toute initiative. Cependant, dans quel pays plus que dans le sien, l'habitant a-t-il l'occasion de réussir sans sortir de chez lui, en un mot d'y être prophète ? Vous rencontrerez à Nice peu d'établissements gérés pas les indigènes, malgré que le Niçois voie d'un mauvais œil les entreprises des *étrangers* « qui viennent lui enlever le pain de la bouche ». Ces entreprises peuvent être une source de richesses pour le pays, n'importe !

le Niçois va affirmant qu'elles ne réussiront pas, et les fera échouer..... s'il en est capable. Mais, comme nous le disions plus haut, il est indolent, rarement ses efforts aboutissent : les entreprises des *étrangers* réussissent et Nice l'enrichit malgré elle. Nous avons vu il y a quelques années de nombreux exemples de ce que nous venons d'avancer et les étrangers pourront, à chaque instant, constater ce fait comme nous l'avons constaté nous-même.

Le Niçois, à côté de ces petits défauts, a de grandes qualités qu'on ne cherchera pas à lui contester : il est hospitalier, très courtois pour son hôte, agréable dans ses relations avec lui et toujours prêt à lui être utile. De plus il est sobre ; sa vivacité et son impressionnabilité naturelles ne l'empêcheront pas de savoir s'observer toujours ; aussi le Niçois est-il généralement inoffensif et facile à vivre, deux qualités qui seraient bien nécessaire à ses frères d'outre-monts.

Nous disions que le Niçois n'est pas travailleur, c'est vrai ; mais en revanche il est né commerçant et, s'il connait le prix des fleurs et du soleil qu'on débite dans son pays, il sait aussi tirer parti de bien des choses, car il est intelligent et fait preuve d'une grande activité, lorsqu'il veut bien secouer pour un instant son apathie naturelle.

Il est regrettable toutefois qu'il n'ait pas un

goût prononcé pour le travail intellectuel, car il possède des dispositions réelles pour les arts libéraux. Le dessin et la musique, voilà ce qui charme le plus les Niçois ; — la musique surtout. Chez le peuple, on trouve un amour passionné pour l'opéra, et, sans avoir aucune notion musicale, les gens du peuple retiennent avec une facilité extraordinaire les airs qu'ils ont entendu jouer une seule fois.

En somme, si le Niçois a quelques défauts il est le premier à en souffrir ; quant à ses qualités, elles sont pour l'étranger une garantie sûre de trouver toujours à Nice le culte de l'hospitalité, et le bon accueil qu'il recevra dans ce pays l'engagera, sans aucun doute, à y revenir les années suivantes. Il est de notre devoir d'ajouter que les critiques dont nous nous sommes fait l'écho, s'adressent particulièrement aux classes inférieures, qui n'ont pas encore pu profiter des bienfaits de l'instruction. Dans les classes supérieures, elles sont rarement applicables, et tous ceux qui fréquentent Nice savent mieux que personne quelles relations charmantes existent

## GYMNASE SOHIER
**Fondé en 1866**
NICE — 31, BOULEVARD DUBOUCHAGE — NICE

(Voir aux annonces.)

entre la société niçoise et la colonie étrangère. Nous aurons d'ailleurs l'occasion de revenir sur ce point, lorsque nous parlerons de la vie mondaine, des salons et des fêtes.

Passons maintenant à la langue du pays.

L'idiome de Nice est un mélange de latin, de grec, d'italien, de français, de provençal, d'espagnol, de portugais et d'arabe... Mais la langue qui y domine, c'est la langue latine.

Ce qui frappe le plus les personnes qui viennent à Nice pour la première fois, c'est d'entendre tout le monde indistinctement parler patois.

Ce fait est facile à expliquer.

Par suite d'un phénomène historique dont tout le secret est dans la topographie de son territoire, Nice ne put jamais se fondre entièrement dans aucun peuple. Il lui fallut donc, de bonne heure, se faire une vie politique à part, se donner des lois, des mœurs et même une langue.

Pendant les vingt années que dura la première annexion, l'éducation des enfants fut faite en français. Lorsque Nice fit retour à l'Italie, en 1814,

---

FRUITS CONFITS. — FLEURS SUCRÉES

## NÈGRE JOSEPH
**Fabricant à GRASSE**
Succursale à Cannes. — Prix-Courant envoyé sur demande.

l'italien redevint la langue officielle, mais le nissart ne cessa pas un instant d'être la langue communale, si l'on peut s'exprimer ainsi. Les Niçois ont toujours mis une sorte d'orgueil à conserver leur vieux patois, et de fait, comme l'a dit un des panégyriste de Nice, « c'est tout ce qui leur reste aujourd'hui de cette mâle république qu'ils ont embrassée tant de fois et de ces fières franchises qu'on les a vus, à travers l'histoire, défendre si vaillamment. »

Il y a encore une autre cause qui explique cet emploi général du patois.

Dans les campagnes où l'instruction commence à peine à se répandre, et où le paysan parle le dialecte niçois, le propriétaire est obligé de parler lui aussi l'idiome local, s'il veut être compris. Le paysan y trouve son profit, n'étant pas contraint de changer de façon de s'exprimer, et le citadin, lui, contracte l'habitude de mêler le nissart au français.

Voilà pourquoi, à Nice, on parle si mal la langue française, et pourquoi l'usage du patois est si vivement enraciné.

Ce qui ne manquera pas de choquer les étrangers qui se mêleront aux conversations en patois nissart, c'est, sans aucun doute, la liberté de langage qui y préside. On ne comprend pas en effet que des personnes ayant reçu les bienfaits de l'instruction, des femmes même se laissent aller ainsi à employer des termes qui, traduits en français, sont des plus grossiers. Mais que voulez-vous, les patois — comme le latin, et nous avons dit qu'il entrait pour beaucoup dans l'origine du langage nissart — bravent l'honnêteté... D'ailleurs il est juste d'avouer que cet emploi des termes populaciers disparaît chaque jour.

\*\*\*

On s'étonnera encore d'entendre dans diverses églises de la vieille ville, des prédicateurs prêcher en italien, au lieu de prêcher en français, voire même en nissart.

De ce que la langue italienne est plus familière aux prédicateurs niçois, qui ont presque tous fait leurs études théologiques à Turin, il ne doit pas s'en suivre que ces messieurs aient le droit, en pays librement annexé, de parler aux masses une langue qui n'est pas la langue française. C'est un abus que nous voudrions voir cesser, d'autant plus que la population niçoise actuelle n'entend rien ou presque rien à la langue italienne.

Il serait temps que Monseigneur l'évêque de Nice, au risque de mécontenter les vieux chanoines, songeât à abolir tout à fait ces prédications en langue étrangère qui, si elles ne sont pas d'un effet déplorable sur le peuple, sont tout au moins d'un grotesque achevé.

Les sentiments de la population niçoise sont français. A Nice on aime la France d'une affection filiale et l'on a pour la patrie une reconnaissance très vive, car on lui doit la prospérité et la richesse du pays ; c'est la moindre des choses que le clergé, chargé d'enseigner aux hommes l'amour du prochain et le culte de la patrie, s'adresse à ses disciples dans la langue nationale.

*\*\**

Puisque nous avons parlé des Niçois, de leur caractère et de leur attitude vis-à-vis des étrangers, nous allons donner à nos lecteurs quelques renseignements sur les divers modes de payements usités par eux. Ce dernier paragraphe servira en quelque sorte de préface au chapitre suivant où nous traiterons tout spécialement de la vie animale à Nice.

Les marchands de vins, les bouchers et les

## A LA PENSÉE

## CHEMISERIE DE PARIS
### E. BANLIAT
NICE — 22, Avenue de la Gare — NICE

épiciers qui ont un grand débit accordent des livrets à leurs clients.

Les boulangers se servent, pour marquer le nombre de kilogrammes de pain consommé chaque jour par le client, de la *taille*.

On règle tous les mois ou tous les trois mois, sans escompte.

Dans les hôtels on a l'habitude de présenter la note tous les deux jours. Dans les pensions on paie généralement à la fin du mois ou à la carte.

Le loyer des chambres garnies se paye par mois et d'avance.

Pour les locations de villas, on paie moitié en passant le bail, moitié après l'expiration de la première partie du bail.

Les baux à l'année se font par semestres dont les deux termes sont : la Saint-Michel (fin septembre) et Pâques.

Les conditions peuvent, néanmoins, modifier les usages locaux.

Lorsqu'un propriétaire loue une villa meublée, la coutume est de dresser un inventaire dont il

---

GRASSE

## GRAND HOTEL MURAOUR
### ET DE LA POSTE

(Voir aux annonces.)

remet une copie au locataire et garde le double.

L'usage est de donner des pourboires aux gens de service. Cet impôt forcé est très désagréable; aussi engageons-nous nos lecteurs à rompre avec cette coutume. On paie aux maîtres d'hôtel le service, pourquoi paierait-on les serviteurs? Mais, les préjugés et les mauvaises habitudes...

# CHAPITRE IV

Conseils aux étrangers. — Les Agences de location. — Les domestiques. — Le vivre et le couvert. — Le pain. — La viande. — La volaille. — Le poisson. — Le gibier. — Le beurre, le lait, les œufs, le fromage. — Légumes et fruits. — Pâtes d'Italie. — Vins du pays. — Les eaux potables, analyse. — Combustibles. — Poids et mesures. — La vie à Nice.

La saison d'hiver ne commence, à Nice, que vers la fin du mois d'octobre ; le meilleur moment pour arriver au pays du soleil est donc le commencement de ce même mois. A cette époque, les étrangers ne s'y sont pas encore donné rendez-vous, et l'on peut tout à son aise, après un court séjour dans un hôtel, — lorsqu'on désire se loger en garni, — choisir l'appartement de son goût, situé dans le quartier le plus agréable, et — ce qui ne gâte rien — à un prix très modéré.

Il ne faut pas, *parce qu'on s'en va à Nice,* oublier à Paris ou ailleurs ses vêtements d'hiver : il est bon d'emporter avec soi ses manteaux et ses fourrures, car on pourrait en avoir besoin, ne fût-ce que pendant une heure de froid exceptionnel. D'ailleurs, quoique la température très clémente vous permette généralement de vous vêtir, ici, en demi-saison, il y a, de temps à autre — une ou deux fois par mois — des journées froides auxquelles il faut parer, car le froid est d'autant plus sensible que le corps, habitué à un climat doux, ressent avec plus d'intensité l'abaissement de la température.

Si vous n'êtes jamais venu à Nice, si vous n'y avez aucune connaissance qui puisse vous renseigner sur le pays, vous retenir un logement à l'avance, nous ne saurions mieux vous conseiller qu'en vous indiquant les diverses *Agences de location*. Celles-ci vous donneront tous les renseignements que vous pouvez souhaiter, et vous mettront au courant des prix des appartements, traiteront avec le propriétaire, dresseront l'inventaire dont nous avons parlé au chapitre précédent, sans que vous vous donniez le plus petit dérangement.

Nous recommandons particulièrement l'agence Jougla, 55, rue Gioffredo, qui a la spécialité de loger les princes et les grandes familles étrangères.

Au cas où l'on ne voudrait point passer par l'entremise des agents, on pourrait s'adresser aux consuls résidant à Nice; ceux-ci donnent à leurs nationaux tous les renseignements nécessaires.

---

**POTERIE ARTISTIQUE DE MONACO**

## LOUIS CAVALLERO

Dépôt à MONTE-CARLO, au Bas-Moulin.
Leçons de Modelage.

Mais l'entremise des agents est préférable, puisqu'elle vous évite les ennuis de l'installation.

Nous avons dit précédemment quels sont les quartiers les plus favorables au traitement de chaque maladie ; il ne nous reste donc plus rien à ajouter sur ce point, si ce n'est le conseil que nous donnerons à nos lecteurs de *choisir toujours un appartement exposé au midi*.

*\* \**

Le choix d'un logement n'est rien à côté de la difficulté que l'on a, à Nice, de trouver de bons domestiques. Si vous avez le bonheur de posséder un cordon-bleu de premier ordre, un valet de chambre fidèle, ne lâchez pas ces oiseaux rares dans les climats que vous quittez ; traînez-les derrière vous, payez leur voyage et estimez-vous bien heureux si Madame votre cuisinière et Monsieur votre domestique veulent bien vous suivre. Rappelez-vous aussi, de temps en temps, le vers de Virgile :

O fortunatos nimium, sua si bona nôrint...

---

Monte-Carlo. — Monaco.

## Hôtel de Russie

(Voir aux annonces.)

Ce vers souvent répété, avec le mérite de vous rafraîchir la mémoire du souvenir de vos jeunes ans, aura en outre celui, beaucoup plus précieux, de vous remémorer que vous êtes le plus heureux des mortels... sans que vous vous en doutiez le moins du monde.

Oh! les domestiques... Gâtés par les gros gages qu'ils reçoivent pendant les quelques mois d'hiver — ce qui leur permet de fréquenter les Casinos des villes d'eaux pendant l'été! — les domestiques, à Nice, sont généralement des gens qui changent à chaque instant de maîtres; c'est dire qu'ils n'ont, pour la plupart, aucun attachement, aucune reconnaissance, et qu'ils possèdent tout juste assez de probité pour ne pas vous voler en plein jour et à votre barbe.

Nous nous en voudrions cependant si le lecteur s'effrayait et allait croire que son modeste intérieur va prendre à Nice l'aspect de n'importe quelle forêt de Bondy. Que nenni. On peut encore trouver ici d'honnêtes serviteurs, si l'on sait juger les gens à leur physionomie et se méfier des plus patelins. Les certificats ne disent pas grand'chose ; la figure, les manières de la personne que vous avez l'intention d'engager à votre service vous en diront bien davantage et vous renseigneront plus sûrement. En tout cas, se méfier de ceux qui roulent les villes de saison.

A notre avis, et nous parlons ici par expérience, les meilleurs domestiques sont ceux qui descendent des montagnes des Alpes-Maritimes pour venir se placer en ville. Sur cent, quatre-vingt-dix-neuf sont honnêtes. Ce sont ceux-là que nous recommandons aux personnes qui nous ont demandé conseil, et toujours elles ont été satisfaites.

* * *

Si vous préférez le calme, si vous ne voulez pas vous loger dans un hôtel, il sera bon que vous vous mettiez au courant des prix des diverses denrées, à Nice. C'est dans le but de vous être utile que nous avons donc réuni dans ce chapitre, qui traite du vivre et du couvert, les renseignements principaux sur les produits alimentaires et les fournitures de ménage que l'on trouve sur le marché.

PAIN. — Le meilleur pain est le pain dit *de luxe* ou *de fantaisie* ; il est très blanc ; sa croûte est dorée, d'un joli aspect. Ce pain, confectionné avec la fleur de la farine (mino) mélangée avec la tuzelle d'Aix, est très léger et très digestif ; il est recommandé spécialement aux personnes dont l'estomac est délicat.

Le pain ordinaire est fait avec les blés d'Odessa et d'Amérique, qui sont vendus directement aux boulangers par la *Société Commerciale et Industrielle* (quai Lunel).

*Prix.* — Pain de fantaisie, 55 centimes le kilog.; pain de *première qualité*, 40 centimes ; pain de *seconde qualité*, 35 centimes ; croissants, pièce, 10 centimes ; petits pains au lait, pièce, 10 centimes.

Viande. — Les bœufs, les veaux, les moutons destinés à la boucherie arrivent du Piémont et de l'île de Sardaigne. Les agneaux proviennent des pâturages situés dans la région montagneuse des Alpes-Maritimes.

Le bœuf surtout est excellent, et l'agneau qui vient du col de Tende ou bien de la Briga est renommé pour sa chair exquise.

Les boucheries qui fournissent les grands hôtels ne doivent pas être recherchées par les petits ménages. La viande est aussi bonne là qu'ailleurs, mais les bouchers, habitués à couper de grosses pièces, ne *parent* pas la viande lorsqu'il la vendent au détail ; d'autre part, les ménagères n'y trouveront pas toujours les morceaux qu'elles désirent, car la viande est souvent retenue à l'avance par les maîtres d'hôtels. Il vaut mieux, par conséquent, s'adresser aux boucheries qui détaillent : les petits

---

NICE

ROBES ET CONFECTIONS

MAISON TOSEL

*15, Rue Masséna, au 1ᵉʳ, 15.*

ménages y seront mieux servis et l'on pourra faire *parer* sa côtelette, son filet ou son bifteck.

Les grands hôtels font venir de Suisse les très grosses pièces de viande, et notamment les filets.

*Prix* — Bœuf, veau, mouton, agneau et porc, *première qualité* : filet de bœuf de 4 à 6 francs le kilog. suivant la provenance ; faux-filet désossé, 3 francs le kilog. ; avec os, 2 fr. 50 ; maigre de veau, sans os, de 2 fr. 50 à 3 francs ; les autres morceaux de choix (bifteck, entrecôtes, gigot de mouton, d'agneau, filet de porc, etc.), 2 fr. 25 le kilog. Les morceaux de second ordre varient, de 1 franc à 2 fr. 25.

*Deuxième qualité :* 25 à 40 centimes de moins que la première qualité, et suivant les morceaux.

Riz de veau, de 4 à 5 francs le kilog. ; cervelle de bœuf, de 1 franc à 1 fr. 25 ; cervelle de veau, de 90 centimes à 1 franc ; cervelle de mouton et d'agneau, de 40 à 50 centimes.

Ces prix pourraient varier, mais jamais de beaucoup.

Volaille. — La volaille ordinaire vient du

---

AGENCE FRANCO-RUSSE

## J. ROSANOFF

Achats, ventes et locations d'immeubles
et de fonds de commerce

NICE — 18, Rue Masséna, 18 — NICE

Piémont. Les chapons et les canards varient de 2 fr. 50 à 5 fr. la pièce ; les gros poulets, de 2 fr. à 3 fr. 25 ; les petits poulets, de 1 fr. 50 à 2 francs.

L'oie est presque inconnue à Nice.

Un pigeon coûte de 80 centimes à 1 fr. 25, selon la grosseur.

Les dindes valent de 5 francs à 10 francs.

Les poulardes de Toulouse coûtent de 3 fr. 25 à 5 francs la pièce.

Les poulardes de la Bresse se vendent de 6 francs à 12 francs.

Poisson. — La marée n'est pas très abondante à Nice, elle arrive de Corse ; on a cependant du bon poisson, très frais, tous les jours. La première qualité varie entre 2 francs et 7 francs, selon l'époque ; la seconde ne dépasse jamais 4 francs.

On trouve à la Halle aux poissons, l'anchois, la sardine, le maquereau, le rouget, la langouste, le merlan, le mulet, la sole, le turbot, le saumon, la raie, le brochet, la truite, l'anguille, etc.

Le gros poisson, tel que le saumon, par exemple, est expédié en grande quantité, sur glace, par des commissionnaires du dehors.

Les huîtres varient entre 60 centimes et 1 fr. 25 la douzaine. Elles proviennent, en majeure partie, des parcs de Brégaillon, près Toulon, de Marennes d'Ostende et d'Arcachon. Elles font l'objet d'un commerce spécial.

Gibier. — Comme le poisson, le gibier arrive de Corse et il est exquis. On expédie durant tout l'hiver d'Ajaccio et de Bastia des merles délicieux, des perdreaux succulents, des bécasses très estimées et des lièvres superbes.

Les cailles viennent d'Italie.

La grive vaut de 40 à 45 centimes ; le perdreau, de 3 à 4 francs ; la bécasse, de 3 fr. 50 à 4 francs ; le gros faisan, de 20 à 25 francs ; le petit, de 10 à 15 francs ; le lièvre, de 6 à 8 francs.

Le merle de Corse se paye le même prix que la caille, de 75 centimes à 1 fr. Les petits oiseaux se vendent à raison de 15 centimes pièce.

Le gros gibier, le chevreuil, le chamois des Alpes, le sanglier de Corse, affectent de gros prix, naturellement.

Lait, Beurre, Fromages, Œufs. — Certes le lait du Midi ne vaut pas celui du Nord. Mais celui de Nice est bon et se vend 30 centimes le litre.

Le beurre frais pour la table se paye 15 centimes le petit pain. Le beurre de cuisine, qui arrive de Milan, de 1 fr. 75 à 4 francs le kilog.

On trouve dans la vieille ville des fromages du pays. Quelques-uns ne sont pas à dédaigner, ceux de Saint-Martin-Lantosque et de Belvédère, par exemple.

C'est encore l'Italie qui nous fournit les œufs. Ils valent de 80 centimes à 1 fr. 30 la douzaine.

On trouve chez les crémiers des œufs et du lait du jour.

Fruits et Légumes. — On a, à Nice, tout les fruits et tous les légumes. Les primeurs se vendent d'un bout de l'année à l'autre, le climat permettant la culture des produits de toutes les latitudes. On ne peut donc fixer les prix qui varient, suivant les époques et l'abondance des denrées.

Le figuier et l'oranger sont les arbres fruitiers les mieux acclimatés du pays ; leurs fruits sont excellents et très renommés.

Les asperges, les petits pois de Nice sont très recherchés.

Les fruits exotiques se vendent dans des magasins spéciaux.

Pates d'Italie. — Les pâtes d'Italie ou pâtes de Gênes arrivent à Nice en abondance ; elles jouent un grand rôle dans l'alimentation des indigènes. Les premières qualités varient entre 1 franc et 1 fr. 20 le kilog.; les secondes, entre 60 et 80 centimes le kilog. Il s'en fabrique aussi sur place.

Vins. — Les vins du pays sont fort bons, malgré les différentes maladies qui ravagent les vignobles, — comme dans le reste de la France d'ailleurs.

Les plus renommés sont le *Bellet*, le *Braquet* et le vin de la *Gaude.*

Ils se vendent au prix de 2 francs, 2 fr. 50 et

3 francs la bouteille. On en trouve d'excellents même à 1 fr. 50.

Nous engageons vivement les touristes à aller en boire dans les auberges des environs de Nice : c'est là que se cache, derrière les fagots, le meilleur vin des Alpes-Maritimes. Les œnophiles nous sauront gré de ce renseignement.

Les Eaux. — Les eaux potables sont exploitées par la *Compagnie générale des Eaux*, fondée en 1867. Les eaux de la Vésubie servent à l'arrosage.

Voici l'analyse des eaux de cette Compagnie, qui dessert chaque ménage, étage par étage.

| MATIÈRES QUE CHAQUE ÉCHANTILLON D'EAU ÉVAPORÉE LAISSE A SEC PAR LITRE | NOMS DES SOURCES | | |
|---|---|---|---|
| | La Sagna | Sainte-Thècle | Fontaine du Port |
| | GRAM. | GRAM. | GRAM. |
| Résidu insoluble dans les acides....... | 0,007 | 0,010 | 0,014 |
| Alumine et Peroxyde de fer.......... | 0,001 | 0,001 | 0,001 |
| Chaux................................ | 0,115 | 0,071 | 0,100 |
| Magnésie............................. | 0,007 | 0,016 | 0,020 |
| Alcalis............................... | 0,018 | 0,016 | 0,021 |
| Chlore............................... | Traces | 0,013 | 0,014 |
| Acide sulfurique..................... | 0,029 | 0,015 | 0,027 |
| Eau combinée et matières organiques... | 0,010 | 0,016 | 0,025 |
| Acide carbonique et produits non dosés | 0,033 | 0,054 | 0,068 |
| Résidu total de l'évaporation de 1 litre d'eau................................ | 0,270 | 0,212 | 0,290 |

COMBUSTIBLES. — Le charbon de bois est vendu à raison de 5 à 6 francs les 50 kilog.

Le charbon de terre se paye 50 francs les 1.000 kilog. ; le charbon anglais vaut de 55 francs à 60 francs. Ce charbon est surtout employé par les cuisines d'hôtel.

Le bois à brûler coûte en moyenne 2 fr. 75 à 3 francs les 100 kilog. Pris en magasin et tout coupé, il vaut 4 francs.

On peut acheter des charrettes de bois, à certains jours de la semaine, le matin, soit au pont de Magnan, soit sur le quai du Midi, derrière le Théâtre-Municipal. On y trouve un certain avantage économique, si l'on aime s'occuper soi-même des questions de ménage.

\*
\* \*

Pour les huiles achetées en gros, en temps de récolte, par les négociants aux producteurs, on se sert encore à Nice du *rub*. Le *rub* est une ancienne mesure qui équivaut à 7 kilog. 79. Le *rub* de Grasse vaut 8 kilog. 10, ce qui établit une différence de à

---

# GRAND HOTEL DE CIMIEZ
## Situation Magnifique.
### BEAU ET GRAND JARDIN
**C. PORT, Propriétaire.**

peu près 4 o/o. Les paysans donnent le nom de *charge* à ce que peut porter un mulet ou une charrette ; la *charge* plus exactement équivaut à 100 kilog.

Dans les magasins on pèse avec la bascule et les balances ; les marchands ambulants emploient encore la romaine. Au marché les fruits, les légumes, les poissons, tout se vend au poids, jamais à l'œil, au tas ou à la douzaine.

L'ancienne livre de Nice dont quelques industriels indélicats osent se servir avec les naïfs, n'est que de 300 grammes.

\* \* \*

Il serait difficile de fixer exactement ce que dépensera par jour un étranger à Nice. Soit qu'il loge en garni, soit qu'il vive à l'hôtel, les dépenses varient avec ses besoins divers, ses goûts et sa fortune. Tels ne dépensent pas plus de 10, 12 ou 15 francs, par jour, quand d'autres ne peuvent se suffirent avec 60 et 80 francs.

Toutefois disons que, dans les hôtels, on peut être fort bien logé et nourri en ne déboursant pas

# GRAND BAZAR D'UTILITÉ

1, rue du Cours et rue du Pont-Neuf, 15

## NICE

plus de 12 françs, ce qui fait 360 francs par mois. Mais tout dépend de l'hôtel que l'on a choisi ; nous parlons ici d'un bon hôtel de second ordre.

Dans les grands et luxueux établissements il faut doubler la dépense, naturellement.

Comme on s'en rendra facilement compte, à Nice, la vie n'est pas plus chère qu'ailleurs. Ce qui coûte ce sont les plaisirs que chacun veut s'octroyer ; partout il est très dispendieux de satisfaire ses fantaisies.

Celui qui sait vivre trouvera ici les mêmes ressources que dans les autres villes et au même prix que dans ces dernières ; il pourra organiser son train de ménage selon ses revenus. Il aura gagné quelque chose, durant son séjour à Nice : la santé s'il est malade et six mois de vie joyeuse, pleine de lumière, tiède de soleil et tout embaumée du parfum délicat des fleurs et des aromes violents qui s'exhalent de la mer.

# CHAPITRE V

### De la Cuisine niçoise.

Un guide ne serait pas complet, s'il ne s'occupait pas un tantinet de la cuisine du pays qu'il décrit. Dis-moi ce que tu manges, je te dirai qui tu es : c'est donc approfondir encore une fois le caractère niçois que de raconter par le *menu* ce qu'on mange sur les bords du Paillon et comment se préparent les « mets nationaux » ; car Nice a ses plats dont elle est fière comme de ses armoiries. Et quels plats, bon Dieu ! faits avec des riens : un peu de poirée, — *la blea* nationale — des œufs et quelque chose encore, mais pas davantage.

Oui, madame, la poirée est pour le Niçois ce qu'est le riz pour les citoyens du Céleste-Empire. Cela vous fait sourire ? Et pourtant rien n'est plus vrai. Il y a même, à cause de cet amour immodéré pour cette modeste plante de la famille des atriplicées, un plaisant qui a donné aux Niçois un surnom qu'ils méritent bien, allez ! mais nous le passerons sous silence pour ne pas effaroucher les oreilles chastes.

La *blea !* Nous connaissons telles ménagères niçoises qui mettent tout leur honneur dans la façon de la faire cuire et d'en farcir une petite courge, une tomate, ou une aubergine: Et quel est le Niçois, ne fût-il pas du Malonat, qui dédaignerait une tourte faite avec cette herbe? Qu'on nous le montre cet oiseau rare et nous userons de toute notre influence pour que la Municipalité, en signe de deuil, fasse peindre en noir la statue de Masséna, — un fils du pays celui-là, car le bronze vert de sa statue a diablement l'air de sortir d'un *tian de blea!*

*\**
\* \*

Ce n'est donc pas de la cuisine des hôtels que nous vous entretiendrons ; — cette dernière est ce qu'elle est partout ailleurs, — mais de la cuisine bourgeoise, de celle qui mijote sur les fourneaux des vrais Niçois dont le respect des aïeux et l'amour du clocher s'allient d'une façon touchante à la tradition de la *tourta* et des *raïola*.

Le Niçois n'est pas gourmand, seulement il a des plats préférés qu'il ferait cinq lieues pour aller manger : le lapin et le stockfisch, par exemple.

---

## J. ROBBI
### CHIRURGIEN-DENTISTE DE PARIS
*10, Avenue de la Gare, 10*

NICE

C'est surtout dans les festins, sorte de fêtes champêtres qui ont lieu du printemps jusqu'à la fin de l'été, dans les hameaux des environs, que le Niçois se régale. Une bouteille de soi-disant vin de Bellet, un lapin sauté aux tomates, deux ronds de saucisson, un jeu de boules, et voilà autant d'hommes contents qu'il y a de bouteilles sur la table...

Là, dans ces festins, un bruyant orchestre fait danser les amoureux, *lu calignaïre*, qui, le soir, reviennent poétiquement, en mangeant des échaudés faits à l'huile, tout le long du chemin.

*\* \**

Maintenant quelques recettes.

D'abord la *tourta de blea*. Ce gâteau est composé de poirée — assaisonnée de fromage, d'œufs, d'huile — que l'on met en hachis et que l'on place entre deux feuilles de pâte. On le fait cuire au four et ensuite on le saupoudre de sucre.

Les *raïola*. C'est bien ce qu'il y a de meilleur dans la cuisine niçoise. Les *raïola* se font avec du

---

## CHAPOT

CHIRURGIEN-DENTISTE

55, rue Gioffredo, 55

NICE

bœuf en daube, des blancs de volaille ou de gibier hachés menu, de la cervelle, des œufs et du fromage, le tout assaisonné d'épices. Avec une petite cuiller on dépose de petits tas de ce hachis sur une très mince feuille de pâte que l'on double ensuite, en ayant soin de presser légèrement la pâte autour de chaque petit tas. Puis on découpe les *raïola*, une à une, et on les fait bouillir dans l'eau. On les retire après quelques instants, on les met sur un plat et on les arrose avec du jus de daube et de civet de lièvre ; on y ajoute quelques champignons et on saupoudre avec du parmesan ou du hollande.

Les bons *tians*, les *tians* classiques, se font au printemps. On prend de petites fèves, des artichauts hachés, des petits pois, de la poirée ; on mélange tout cela avec un certain nombre d'œufs et du fromage. On dispose ensuite ce hachis dans un plat à gratin, on le couvre de chapelure (croûte de pain rapée), et après avoir placé dessus de petits morceaux de beurre, on le fait cuire au four ou entre deux feux.

On peut faire encore le *tian* avec de la morue ou du poisson frais.

La *pissaladiera* est une sorte de purée d'oignons vigoureusement assaisonnée d'huile, d'anchois, et décorée d'olives salées, le tout étendu sur une pâte légère, délicate et cuite au four. Le vrai Niçois en est très friand.

La *tourta cauda* que vous entendez crier par les rues est le met favori des ouvriers. Elle consiste en farine de pois chiches, délayée dans de l'eau tiède jusqu'à ce qu'elle forme une purée. On verse alors cette pâte dans une tourtière bien arrosée d'huile et on passe au four pour achever la cuisson.

La *socca* qu'on vend comme la *tourta cauda* est encore un plat du même genre.

La *trocia* est une omelette de poirée finement hachée, assaisonnée de fromage et cuite à l'huile.

La *bouillabaissa* (bouillabaisse), voilà encore un plat aimé des Niçois. C'est tout ce qu'il leur reste d'ailleurs des Phocéens qui furent leurs pères.

Le *capoun* n'est autre chose qu'un chou farci avec du riz, de la graisse, etc., bouilli à l'eau et arrosé de la sauce que vous voudrez.

La *poutina* et le *nouna*, petits poissons de la grosseur d'une grosse aiguille, se mangent en salade, en soupe ou en omelette. Le goût de ce poisson est très fin.

Un mets qui est cher au vrai Niçois, — et l'indigène des rives du Paillon n'a pas tort d'en raffoler — c'est le *cantareù*, une variété d'escargot de couleur blonde, appelé en français *tapet*. Le *cantareù* se vend au marché aux légumes ; on le paie de trois à six sous la douzaine. On le mange sauté au beurre ou à la sauce tomate.

Nous n'insisterons pas davantage sur la cuisine

niçoise. Il n'y a rien de plus fade, en effet, que la lecture de la *Cuisinière bourgeoise*, ou du *Parfait marmiton*. Le moyen le plus sûr de se rendre compte de ce que l'on mange à Nice est d'aller goûter les mets que nous venons de décrire à la table de quelque famille du pays, car la *bouillabaissa* et les *raïola* sont deux plats exquis.... à condition de les manger *soi-même*.

---

# BAZAR DU PRINTEMPS
**EUGÈNE JAUME**
46, Avenue de la Gare, 46
NICE

# DEUXIÈME PARTIE
## *NICE PITTORESQUE*

---

## CHAPITRE PREMIER

---

Première promenade. — Le Paillon. — Tarifs des voitures et des tramways. — La place Masséna. — Le quai Masséna. — Le Jardin-Public. — La Promenade des Anglais. — La rue de France. — La place Croix-de-Marbre. — La rue Masséna. — L'avenue de la Gare. — Carabacel. — Le quai place d'Armes. — La rue Gioffredo. — Le quai Saint-Jean-Baptiste.

A peine l'étranger débarque-t-il à Nice, — qu'il arrive par mer, par terre, *ou par chemin de fer*, comme dit la chanson, — il se trouve nez à nez avec le torrent dont nous avons parlé au commencement de cet ouvrage, le Paillon, dans le lit duquel, en 1859, les Niçois offrirent un banquet

---

Succursale de la Compagnie fermière
DE VICHY
*toutes les eaux minérales naturelles et leurs produits.*
**MAISON CLAUD & MÉTIVET**
NICE — 26, rue Masséna, 26 — NICE

aux armées françaises qui se rendaient en Italie.

Le Mençanarez de la localité divise Nice en deux parties bien distinctes : sur la rive droite, la nouvelle ville, sur la rive gauche, la vieille. Le Paillon est grossi par de petits torrents qui arrivent de Touhet, de Saint-André, de Contes, de Cantaron, de Laghet, du Lac de Laone. Lorsqu'il pleut, ces braves cours d'eau font au Paillon le grand honneur de se précipiter dans son modeste petit lit, ce dont le paisible torrent paraît très fier, car il prend tout à coup des airs de fleuve sérieux qui n'ont rien de bien rassurant. Mais cela ne dure guère, la mer et le soleil se chargent à eux deux de *siffler* le Paillon comme un petit verre, et le fleuve cher aux Niçois reprend son cours, tranquille et fier, et continue, comme par le passé, à rouler des flots de galets et des troupeaux de chèvres.

Cependant on rapporte que certaines années, bien avant son endiguement, le Paillon eut des accès de colère que la mer et le soleil ne parvinrent pas facilement à calmer, et que le brave

## ENTREPOTS COSMOPOLITAINS

Bières allemandes et anglaises des premières marques
Vins fins et ordinaires, Liqueurs, Spiritueux

MAISON CLAUD ET MÉTIVET

NICE. — 26, Rue Masséna, 26. — NICE

et légendaire torrent en fit voir de rudes à ses riverains effrayés. Aujourd'hui, « celui qui met un frein à la fureur des flots » — nous avons nommé l'ingénieur des ponts et chaussées — a soumis le trop impétueux cours d'eau ; force est maintenant au Paillon, lorsqu'il se met en tête de lancer quelques instants à travers Nice ses eaux jaunâtres, de filer discrètement entre les quais, bien heureux si l'on retarde de quelques années encore la construction des voûtes qui supporteront de splendides jardins et voileront enfin le hideux aspect de son embouchure aux yeux des nombreux promeneurs.

\*
\* \*

Le Paillon étant pour l'étranger, nouvellement débarqué, un point de repaire, chaque fois que nous entreprendrons une promenade, soit à travers Nice, soit dans les environs, la place Masséna sera notre lieu de départ ; d'autant mieux que nous pourrons trouver là des voitures de place, des omnibus et des tramways qui nous conduiront partout où notre fantaisie nous poussera.

## AGENCE ROUSTAN
### Avenue de la Costa, à MONTE-CARLO
LOCATION DE VILLAS ET D'APPARTEMENTS
ACHAT ET VENTE DE PROPRIÉTÉS
**RENSEIGNEMENTS GRATUITS**

Voici les tarifs de ces divers véhicules :

| TARIF DES TRAMWAYS | | |
|---|---|---|
| De la place Masséna à Magnan | Intérieur.....<br>Plate-forme. | 0 10 |
| De Magnan à la Californie | Intérieur......<br>Plate-forme... | 0 20<br>0 10 |
| De la place Masséna à la Californie | Intérieur......<br>Plate-forme.... | 0 30<br>0 20 |
| De la pl. Masséna au Pont de la Gare | Intérieur.....<br>Plate-forme.. | 0 10 |
| Du Pont de la Gare à Saint-Maurice | Intérieur.......<br>Plate-forme... | 0 15<br>0 10 |
| De la place Masséna à Saint-Maurice | Intérieur......<br>Plate-forme... | 0 25<br>0 15 |
| De la place Masséna au Port | Intérieur.....<br>Plate-forme.. | 0 10 |
| De la place Masséna à la Gare | Intérieur.....<br>Plate-forme.. | 0 10 |
| Du Port à la Gare | Intérieur.....<br>Plate-forme... | 0 10 |
| De la place Masséna à la pl. Garibaldi par la rue Gioffredo | Intérieur.....<br>Plate-forme.. | 0 10 |
| De la place Masséna à la place Risso | Intérieur......<br>Plate-forme... | 0 15<br>0 10 |
| De la place Risso aux Abattoirs | Intérieur.....<br>Plate-forme.. | 0 10 |
| De la Place Garibaldi aux Abattoirs | Intérieur......<br>Plate-forme... | 0 15<br>0 10 |
| De la place Masséna aux Abattoirs | Intérieur......<br>Plate-forme... | 0 25<br>0 13 |
| *Et vice versâ pour toutes les lignes.* | | |

---

### Nice. — *TERMINUS-HÔTEL* — Nice

En face la Gare. — Ouvert toute l'année

**S. SCHERER, Propriétaire**

Correspondant de la Compagnie Internationale des billets circulaires d'hôtels.

## CORRESPONDANCES

### TARIF DES TRAMWAYS

| | | |
|---|---|---|
| De Saint-Maurice (et vice versâ). ... | au Port.......<br>à la pl. Risso.<br>à Magnan......<br>à la Californie.<br>aux Abattoirs.. | 0 25<br>0 25<br>0 25<br>0 35<br>0 30 |
| Du Pont de la Gare (et vice versâ).. | au Port.......<br>à la pl. Risso.<br>à Magnan.....<br>à la Californie.<br>aux Abattoirs.. | 0 10<br>0 20<br>0 20<br>0 30<br>0 25 |
| Des Abattoirs (et vice versâ)....... | au Port.......<br>à la Gare......<br>au P. d. l. Gare.<br>à Magnan.....<br>à la Californie. | 0 25<br>0 25<br>0 25<br>0 25<br>0 35 |
| De la place Risso (et vice versâ).... | au Port.......<br>à la Gare......<br>au P. de l. Gare.<br>à Magnan.....<br>à la Californie. | 0 20<br>0 20<br>0 20<br>0 20<br>0 30 |
| De la Gare (et vice versâ).......... | à la pl. Risso.<br>aux Abattoirs..<br>à Magnan.....<br>à la Californie. | 0 20<br>0 25<br>0 20<br>0 30 |
| Du Port (et vice versâ)...... ...... | à Magnan.....<br>à la Californie. | 0 20<br>0 30 |

*Les correspondances ne sont délivrées que pour les places d'intérieur seulement.*

## Monte-Carlo-Monaco
# HOTEL DE RUSSIE
*(Voir aux annonces.)*

## TARIF DES TRAM-OMNIBUS

| | |
|---|---|
| Du Port à la Gare........................... | 0 10 |
| Du Port à Saint-Etienne..................... | 0 10 |
| De Masséna à Magnan......................... | 0 10 |
| De Masséna à la Place d'Armes............... | 0 10 |

*Et vice versâ pour toutes les lignes*

## TARIF DES VOITURES DE PLACE

| NICE | VOITURES A 4 PLACES | | | | A 2 PLACES | |
|---|---|---|---|---|---|---|
| | à 2 chevaux | | à 1 cheval | | à 1 cheval | |
| | Jour | Nuit | Jour | Nuit | Jour | Nuit |
| Une course..... | 1 50 | 2 50 | 1 » | 1 50 | » 75 | 1 25 |
| Une heure...... | 4 » | 4 50 | 3 » | 4 » | 2 50 | 3 » |

Le service de nuit commence à 7 h. du soir du 15 octobre au 15 avril, et à 10 h. du soir, du 15 avril au 15 octobre.

\* \* \*

Nous ferons aujourd'hui notre première promenade à travers la nouvelle ville, puisque c'est dans les nouveaux quartiers de Nice qu'habite généralement l'étranger. Nous ne rencontrerons sur notre chemin que peu de monuments ; les boulevards et les rues que nous allons parcourir étant de construction toute récente, nous nous rattraperons lorsque nous visiterons le vieux Nice ; là, la pierre nous rappelera au moins quelques faits historiques.

\* \* \*

### La Place Masséna

est située au centre de la ville ; la construction du Casino Municipal, qui a remplacé le *Pont-Neuf*, a réuni cette superbe et vaste place à la place Charles-Albert.

Nous suivrons, si vous le voulez bien, le cours du Paillon, et nous nous trouvons sur

### Le quai Masséna

qui est planté de palmiers et d'eucalyptus magnifiques. Il nous conduira au

### Jardin-Public.

C'est dans ce jardin que, tous les jours, les étrangers vont se réchauffer au soleil et entendre les concerts qu'y donnent six fois par semaine la musique municipale et la musique militaire. Le Jardin-Public est comme la préface de la splendide

### Promenade des Anglais

dont on parle dans le monde entier.

Cette promenade a été commencée en 1822, alors que le Jardin Public n'était qu'une prairie qui allait se confondre avec la plage, et que les terrains, aujourd'hui remplacés par la rue Paradis, étaient tout simplement des jardins potagers où la tradition veut que l'on ait planté le premier oranger, lequel naquit des oranges enlevées par Hercule aux Jardins des Hespérides.

C'est aux Anglais que Nice doit sa plus belle promenade. Voici d'ailleurs comment M. A. Carlone, dans une brochure intitulée de *Nice au Var*, en raconte les origines !

« ..... La beauté du site, l'ardente température qui y régnait, firent augmenter l'affluence, et l'attrait de la plage aidant, on vit, par l'assidu travail des malades et des oisifs qui la longeaient en rangeant les haies de cactus, un tracé apparaître et un chemin neuf se former spontanément sur son parcours. Enfin, vers 1830, la faveur qui s'était attachée à cette promenade s'accrut au point que les Anglais s'avisèrent de faire niveler et sabler le sentier sur une largeur de deux mètres environ et consacrèrent à ces travaux le produit d'une collecte spéciale. »

Les Anglais, pour se débarrasser des mendiants de toutes sortes qui avaient fait de la nouvelle promenade leurs quartiers d'hiver, imaginèrent de les employer aux travaux qu'ils faisaient. Quand tous ces traîne-guenilles, ces mendigots, ces culs-de-jatte, virent qu'on les voulait faire travailler, ils

---

## HOTEL ET RESTAURANT MONTESQUIEU
### NICE — 43, Rue Gioffredo, 43 — NICE

Déjeuner : 2 francs 50. — Diner : 3 francs
(VIN COMPRIS)
**CUISINE ET CAVE RENOMMÉES**

se sauvèrent à toutes jambes, laissant la place libre et refusant contre tout argent de donner ne fût-ce qu'une heure de travail.

Le *Chemin des Anglais*, que les pas des blondes misses avaient ouvert le long de la mer, fut repris par les soins de la Municipalité en 1862. Et on en fit cette superbe promenade de 27 mètres de largeur, d'une étendue de 4 kilomètres environ et qui ira bientôt jusqu'au Var, ce qui l'augmentera encore de un kilomètre au moins.

Elle est bordée, du côté de la mer, par une haie qui la protège des vents du large, et, du côté des villas, par des arbres et des plates-bandes qui séparent l'allée des promeneurs de celle des voitures.

De deux heures à quatre heures, *la Promenade des Anglais* est, en hiver, le rendez-vous des oisifs et des étrangers qui viennent de tous les points du monde pour admirer cette Méditerranée si bleue et si calme, et se réchauffer à ce soleil si blond et si chaud. Que de curieuses études d'observation on peut faire sur cette promenade où se coudoient les

## M. CHABRIER'S HOUSE
### EXCELSIOR TAILOR

ARTICLES EXCLUSIFS

*NICE* — 24, Avenue de la Gare, 24 — *NICE*

célébrités modernes qui viennent jouir de notre beau ciel ou y reconquérir la santé.

C'est en janvier et en février que la promenade des Anglais offre le plus beau spectacle. A cette époque de l'année, les journées sont très calmes, le soleil darde ses plus brillants rayons, et le flot des hôtes habituels d'hiver s'est grossi encore de tous les étrangers attirés pendant quelques semaines à Nice par les Courses, le Tir aux pigeons de Monaco, et les joyeuses fêtes du Carnaval.

Sur la *Promenade des Anglais* on rencontre successivement : la villa Gautier qui s'appela d'abord villa Souvaroff et que cette princesse gagna, dit-on, un soir à Monte-Carlo ; l'ancienne villa Dalmas (n° 25) où se retira après 1830 le dey d'Alger et où logea plus tard Meyerbeer ; c'est là, dit-on, — d'autres affirment que c'est à l'Hôtel des Princes, aux Ponchettes, — que le grand compositeur écrivit le troisième acte de l'*Africaine*, tandis que le flot de la Méditerranée berçait la rêverie du maëstro. Plus loin on voit la villa Diesbach qui a reçu tour à tour le grand duc Michel, le prince et la princesse de Wurtemberg, puis le duc de Mecklembourg-Strelitz ; la villa Stirbey qu'habitèrent d'abord (1851) l'impératrice douairière de Russie, ensuite (1875) l'infortuné sculpteur Carpeaux ; les villas Lions où sont morts la grande-duchesse Stéphanie de Bade, en 1859 ;

Ali-Pacha, en 1859 et le roi de Bavière, en 1868 ; l'ancienne villa d'Acquaviva, qui appartient aujourd'hui au prince Radziwill, et où séjourna aussi l'impératrice douairière de Russie ; la villa Lavit, occupée, en 1857, par le grand-duc Constantin ; l'ancienne villa Carlone qui fut habitée de 1812 à 1814 par la princesse Pauline Borghèse, sœur de Napoléon 1er ; enfin la villa n° 85 qui a appartenu à Villemessant.

Sur la promenade des Anglais s'ouvre un vaste boulevard parallèle à l'avenue de la Gare qui porte le nom de boulevard Gambetta. Il aboutit au terrain du Piol, sur lequel fut construite cette Exposition Internationale de 1883, si funeste à Nice.

A l'endroit où se trouve un petit square bâti sur le torrent de Magnan, la promenade des Anglais communique par un très large passage avec la rue de France et la route du Var qui lui sont parallèles.

*La rue de France.*

C'est cette rue que nous suivrons pour revenir sur nos pas. On l'appelait autrefois rue des Anglais ou quartier des Anglais. Nous y verrons à gauche de superbes villas bâties sur la colline des Beaumettes, parmi lesquelles la magnifique villa Tomson, la tour d'Audiffret, etc. Toutes les résidences que nous avons rencontrées sur *la*

*Promenade des Anglais* ont une entrée de service sur la rue de France.

Nous trouvons encore dans cette rue le pensionnat du Bon-Pasteur, l'église de Saint-Pierre-d'Arène, le couvent des Fidèles Compagnes où les jeunes filles reçoivent une très bonne éducation et une instruction très soignée, la maison Barralis qui a été habitée par Marie-Louise, reine d'Etrurie, exilée à Nice, etc.

Nous voici sur

*La Place Croix-de-Marbre,*

où nous remarquons deux petits monuments. Le premier, à droite, a donné le nom à la place. Il rappelle une entrevue fameuse entre Charles-Quint, François I$^{er}$ et le pape Paul III. Cette croix de style gothique, grossièrement sculptée, a, dit-on, remplacé une croix en bois qui servait à marquer la place où Paul III mit pied à terre, et s'agenouilla pour réciter l'*Angelus*, au moment où il fut sonné par la cloche du couvent Saint-Dominique. Elle fut enlevée pendant la Révolution et replacée en 1806 aux frais de la comtesse de Villeneuve.

---

# CHARLES JOUGLA

Agent spécial pour location des villas et des appartements
à Nice et à Monte-Carlo.

Bureau du *Journal des Etrangers*
NICE — 55, RUE GIOFFREDO, 55 — NICE

L'inscription latine qu'on peut encore y lire porte le nom des consuls qui firent élever ce monument, en 1568.

Le second monument qu'on voit en face est entouré d'une grille. Cette colonne est destinée à perpétuer le souvenir du double passage de Pie VII, à Nice.

La grande maison située derrière cette colonne commémorative date de quelques années seulement. Le propriétaire l'a appelé palais Marie-Christine en souvenir de l'épouse du roi Charles-Félix qui habita tout près de là.

La rue de France continue pendant quelques mètres encore après la place Croix-de-Marbre. Elle possède un temple anglais, de construction gothique, qui fut élevé à la sollicitation de lady Olivia Sparrow et avec l'autorisation du gouvernement sarde, à la condition expresse, disait la patente royale, que le bâtiment n'aurait, *ni à l'extérieur, ni à l'intérieur, le caractère d'une église.*

Mieux inspiré Victor-Emmanuel, qui autorisa, en 1856, la reconstruction de cet édifice devenu

---

## Louis GARZOT, Chirurgien-Dentiste
SUCCESSEUR DU D$^r$ NINCK

*18, Avenue de la Gare, en face le Crédit Lyonnais,* **NICE**

SPÉCIALITÉ POUR LA POSE DES DENTS
MONTÉES SUR OR ET PLATINE

insuffisant, laissa de côté la patente primitive et ses rigueurs. Le nouveau bâtiment, qui comprend une bibliothèque, est situé dans un vaste jardin ayant servi de cimetière et où existent encore de nombreuses sépultures.

Une succursale de cet église destinée au culte anglican se trouve à Carabacel.

*La rue Masséna*

vient ensuite. Sur cette rue s'ouvrent les rues de la Buffa, Halévy, Croix-de-Marbre, etc. Elle va de la rue de France à la place Masséna dont nous avons parlé plus haut.

Les portiques qui entourent cette place sont de construction récente ; ils se continuent, au Nord, sur

*L'avenue de la Gare,*

voie large, plantée de magnifiques platanes qui lui font, en été, une voûte de fraîche verdure. Cette avenue se prolonge jusque dans la campagne de Nice. Elle s'appela d'abord avenue du Prince Impérial. Le 4 septembre en fit tout simplement l'avenue de la Gare.

L'hospice de la Charité que l'on y rencontre est le seul édifice qui ne soit pas de construction récente ; il date en effet de 1857.

Sur le côté gauche de l'avenue est situé l'hôtel du Crédit Lyonnais. On y remarque aussi l'église,

Notre-Dame de Nice, fondée par le R. P. Lavigne. La structure de ce temple est assez belle ; les plans ont été fournis par M. Lenormand, architecte du gouvernement ; mais, hélas ! il est inachevé, et peut-être ne l'achèvera-t-on jamais.

En face de Notre-Dame de Nice s'élève un hôtel meublé tenu par les Dames Augustines.

Sur l'avenue de la Gare s'ouvrent la rue Garnieri où se trouve le Théâtre-Français, la rue du Temple, la rue Pastorelli, le boulevard Dubouchage, le boulevard Victor-Hugo qui rejoint le boulevard Gambetta, l'avenue Beaulieu, et l'avenue Notre-Dame, qui conduit à Carabacel et à Cimiez.

Au bout de la rue Lépante et de l'avenue Notre-Dame on construit en ce moment le Lycée de jeunes filles.

On arrive à la Gare par l'avenue qui monte à gauche. Après le pont du chemin de fer cette voie prend le nom d'avenue de la Gare prolongée.

### Carabacel

Ce quartier est situé à peu près à l'est de la Gare. Son nom remonterait au temps des invasions sarrasines ; il viendrait de *basb*, tête, *kara* noire, tête noire ; sans doute par allusion aux épaisses forêts d'oliviers qui couvraient la colline de Carabacel. De nos jours les forêts d'oliviers ont fait place à de splendides villas, parmi lesquelles nous signalerons les villas Bouttau où, depuis deux ans, viennent passer l'hiver Leurs Majestés le roi et la reine de Wurtemberg.

Un couvent des plus beaux couronne le faîte de la colline; le couvent de Sainte-Ursule. C'est un pensionnat que nous recommandons spécialement à la colonie étrangère. Les jeunes filles y respirent l'air pur de la campagne, et la brise marine qui souffle doucement matin et soir ; elles y reçoivent en outre une éducation des plus soignées et une instruction sérieuse.

Au-dessous on voit le couvent du Saint Sacrement qui est également une excellente maison d'éducation. On y admet des dames pensionnaires qui sont traitées à part.

Nous reviendrons, si vous y consentez, par un des boulevards qui sillonnent les collines de Carabacel et de Cimiez et nous arriverons sur

*Le quai Place d'Armes*

ainsi nommé parce qu'il aboutit au champ de manœuvres de la place d'Armes, laquelle mesure

---

## ETIENNE POUJOL

Bijouterie — Joaillerie — Orfèvrerie — Horlogerie

ACHAT ET ECHANGE D'OR, D'ARGENT ET DE DIAMANTS

NICE — 19, Avenue de la Gare, 19 — NICE

une surface de 3 hectares. Il va rejoindre la route départementale n° 1 de Nice à Levens. Il y a de remarquable dans ce quartier l'hospice de vieillards, dirigé par les Petites Sœurs des Pauvres, l'hospice Pauliani, l'hospice don Bosco, les nouvelles prisons qui sont construites sur le dernier type proposé par les spécialistes pour les maisons de détention, et enfin la nouvelle caserne de gendarmerie.

Le pont en fer que nous rencontrerons à notre gauche en revenant vers la place Masséna est le pont Garibaldi, il a remplacé une passerelle en bois qui reliait autrefois les deux rives du Paillon.

En quittant le quai place d'Armes, nous nous engageons sur

*Le quai Saint-Jean-Baptiste.*

Ce quai se trouve sur la rive droite du Paillon ; il fut élevé pour protéger des débordements du torrent les demeures qui composaient au xv$^e$ siècle le faubourg Saint-Antoine, lequel avait été bâti sur les ruines d'une ladrerie adossée à une église dédiée à saint Jean-Baptiste.

---

Monte-Carlo. — Monaco.

# Hôtel de Russie

(Voir aux annonces.)

4.

Parallèle à la belle *rue Gioffredo*, il part de la place Masséna et va jusqu'au boulevard Carabacel, en passant devant l'hôpital Saint-Roch.

On y remarque l'église du Vœu, construite en 1835, pendant une épidémie de choléra.

Le lycée est situé sur le quai Saint-Jean-Baptiste, en face du Pont-Vieux. Il fut fondé par les Augustins qui s'établirent en 1695 sur les ruines de la léproserie Saint-Antoine.

Entre le lycée et le Casino Municipal se trouve un square construit sur le Paillon et au milieu duquel s'élève la statue de Masséna. On sait que l'Enfant chéri de la Victoire naquit à Nice, tout près de ce jardin. C'était le fils d'un boulanger; il fut baptisé à l'église Sainte-Réparate, comme en fait foi le document suivant :

*Nizza, parrocchia di Santa-Reparata, alli 8 maggio 1758. Andrea Massena, figlio del nobile Giulio et di Cattarina Fabre, giugali Massena, nato li sei corrente, battezzato oggi da me Ignazio Caciardi, canonico, coad. Il padrino, il nobile Andrea Deporta e la madrina, la nobile Cattarina Massena.*

La statue de Masséna a été inaugurée le 15 août 1869. Elle a été sculptée par Carrier-Belleuse et fondue par Thiébaud. Le général est représenté à la bataille d'Essling, au moment où il répond à l'empereur qu'il se sent capable de tenir deux jours. La tête du personnage est trop petite, et la figure de l'Histoire qui orne le socle attire l'attention au détriment du sujet principal.

Les bas-reliefs représentent la bataille de Zurich et la capitulation de Gênes.

Ce monument a coûté à la ville 40,000 francs, et un procès — que perdit, il est vrai, le sculpteur.

*\* \**

Par cette promenade à travers le nouveau Nice, l'étranger pourra se rendre facilement compte des quartiers qu'il est appelé à fréquenter le plus souvent.

Une ou deux excursions dans la vieille ville et au Château suffiront maintenant pour lui faire connaître Nice, de façon à se retrouver partout où pourront le conduire les hasards de ses promenades.

# CHAPITRE II

Deuxième promenade. — Le Château. — La terrasse du donjon. — L'avenue Eberlé. — La rue Ségurane. — Catherine Ségurane. — La rue Sincaïre. — La rue de la Providence. — La rue Pairolière. — La place Garibaldi. — La rue Victor. — Routes de Turin et de Gênes. — La rue du Paillon. — La rue Cassini. — La rue de Villefranche. — La place Cassini. — Le boulevard de l'Impératrice de Russie.

De la place Masséna au sommet du Château, — en passant par le quai Saint-Jean-Baptiste, le Pont-Vieux, le boulevard du Pont-Vieux, la place Garibaldi, la rue Ségurane et l'avenue Eberlé, — il ne faut pas plus d'une demi-heure, en voiture. On mettra également une demi-heure à pied, si l'on a soin de monter au donjon par les petits sentiers qui sillonnent la colline, — au lieu de suivre l'avenue carrossable.

Dans la première partie de cet ouvrage, nous avons conduit l'étranger au Château pour lui faire admirer le panorama ; nous retournerons de nouveau sur la crête de ce promontoire où se dressait jadis une forteresse imprenable, démolie, au plus grand bénéfice de Nice — qui cessa de ce jour d'être une place forte toujours assiégée — par le canon du maréchal de Berwick, en 1706. Nous aurons de là-haut l'illusion d'un immense plan de la ville de Nice exécuté en relief, — et ce plan sera le plus instructif que l'étranger puisse jamais consulter.

Le Château s'élève à pic, au levant et au midi. Sa hauteur au-dessus du niveau de la mer est de quatre-vingt-seize mètres, et la superficie totale de son plateau peut être évaluée à six hectares.

Gioffredo nous a conservé, dans le *Theatrum Pedemontanum*, qui se trouve à la Bibliothèque Municipale, deux gravures du Château de Nice : l'une représente l'ancien fort des comtes de Provence, l'autre nous le montre agrandi par les ducs de Savoie.

La forteresse renfermait quatre tours principales ; une seule subsiste encore du côté du midi : c'est la tour *Bellanda* où se réfugièrent Charles II et son épouse Béatrix, pendant les guerres soulevées entre François I*er* et Charles-Quint, et où naquit, dit-on, Emmanuel-Philibert. Cette tour sert aujourd'hui de terrasse à un hôtel.

Un peu au-dessus, on aperçoit une maçonnerie de forme ronde qui recouvre l'orifice d'un puits creusé, en 1517, par l'ingénieur André Bergante pour alimenter le Château. Ce puits, profond de 50 mètres, descendait au niveau de la mer et communiquait avec une source d'eau vive très abondante. Comblé en 1706, puis déblayé par les soldats français, sous la Révolution, il fut définitivement condamné en 1830 par l'ordre de la Municipalité, afin de mettre un terme aux infanticides nombreux dont il était devenu le complice trop discret.

C'est en 1822 que, par les soins de M. le baron Millonis, de M. l'ingénieur Gardon et de M. Perez, on débarrassa le Château de ses décombres pour le transformer en promenade publique.

Il est, de nos jours, question d'y établir un jardin zoologique. Le génie militaire s'y oppose, dit-on, mais nous avons l'espoir [que l'idée discutée tout dernièrement et approuvée par le Conseil municipal aboutira.

Les remparts de la vieille forteresse et les étroits chemins de ronde ont fait place à de superbes allées plantées de cyprès, de chênes-verts, de pins, de lauriers-roses, de palmiers, de cactus, de vernis-du-Japon, de bananiers et d'une foule d'arbres exotiques. Les cours de la forteresse sont recouvertes aujourd'hui par des pelouses au fin gazon ; les débris des remparts et les parties abandonnées à la végétation libre ont été envahis par des agaves et des tithymales qui acquièrent des proportions gigantesques. Les agaves du Château offrent un

## COURVOISIER & CURLIER Frères
Extra-grande fine Champagne réputée.
Crovetto & Loupias, seuls agents
*Nice, 1, rue de la Terrasse.*

double intérêt aux promeneurs, qui, après avoir admiré à leur aise les asperges démesurées que ces amaryllidées poussent à une hauteur dépassant quelquefois six mètres, et ressemblent de loin à des poteaux télégraphiques garnis de leurs isolateurs, pourront se livrer à un travail des plus amusants en *lisant* les feuilles de ces plantes. Elles sont couvertes d'inscriptions, de dates, de sentences, de réflexions ; quelques-unes portent, gravés en cicatrices profondes, les noms de deux amoureux qui ont passé par là et ont éprouvé le besoin de laisser au pauvre arbuste l'emblème de deux cœurs atrocement perforés et ayant l'air de bien souffrir, en effet. Quel livre à feuilleter ! que de romans à bâtir !

La promenade du Château est peu fréquentée ; les Niçois s'y vont rarement promener ; aussi garde-t-elle, par endroits, un aspect quelque peu sauvage qui ne manque pas de charme.

C'est du Château, qu'en souvenir de sir Coventry dont les Niçois ont oublié le nom peut-être, qu'on tire, tous les jours, le coup de canon

---

*Bière Française* "*LA COMÈTE*"
EN FUTS ET EN BOUTEILLES
Recommandée par les Sommités médicales.
CROVETTO & LOUPIAS, Entrepositaires.
Nice, 1, rue de la Terrasse.

chargé d'annoncer midi à la population. Sir Coventry, pendant le séjour qu'il fit à Nice, entretint à ses frais un pareil signal, alors placé sur la terrasse de l'ancien hôtel Chauvain qu'il habitait alors.

On a retrouvé, au Château, les ruines de l'ancienne cathédrale de Nice, Sainte-Marie-de-l'Assomption, qui renfermait le tombeau de Béatrix de Portugal, mère du duc Emmanuel-Philibert ; on a découvert aussi des tombeaux romains et, chose plus curieuse, sous cette dernière assise de monuments funèbres, gisaient encore des murs de construction beaucoup plus ancienne, — vestiges d'une population peu civilisée.

Après avoir traversé les divers jardins qui entourent la maison des gardes et avoir jeté quelques miettes de pain aux nombreux paons qu'on rencontre à cet endroit, l'étranger se rendra sur la plus haute terrasse, où se trouvait jadis le donjon bâti par les princes d'Aragon, et d'où l'on peut, au lever du soleil, distinguer les montagnes de la Corse qui bleuissent dans le matin clair.

De là on aperçoit, à droite de Nice, la pointe d'Antibes et la chaîne de l'Estérel qui bornent l'horizon. A gauche on voit le mont Gros que contourne la route de Gênes et qui supporte le splendide Observatoire dû aux largesses de M. Bischoffsheim, ancien député des Alpes-Maritimes ; le mont Vinaigrier, le mont Alban surmonté d'un vieux fort déclassé, et enfin le mont Boron dont les pins maritimes, striant le ciel bleu, dominent les flots de la Méditerranée. Derrière le mont Boron c'est le cap Ferrat au bout duquel on distingue fort bien le sémaphore et le phare de Villefranche.

Lorsqu'on tourne le dos à la mer, on a devant soi la vallée du Paillon, et à côté la colline de Cimiez, piquée de coquettes villas ; l'abbaye de Saint-Pons, fondée par Charlemagne, et enfin, dans le lointain, le château de Saint-André surgissant, comme une sentinelle, à l'entrée de la vallée qui conduit à Tourette.

Immédiatement au-dessous de la terrasse, la Compagnie générale des Eaux a construit une cascade alimentée par le branchement de la Vésubie qui dessert la Ville. Un peu à gauche et sur le même plan, est situé l'ancien cimetière où ne sont plus inhumées que les personnes ayant des concessions à perpétuité. Il contient quelques monuments funèbres d'un certain intérêt, tels que les tombeaux de Signa Rosa, mère de Garibaldi ; d'Anita Garibaldi, sa femme, qui est inhumée dans la chapelle ; de Gambetta, des victimes de l'incendie du Théâtre Municipal ; le monument élevé à la mémoire des soldats tués au Tonkin, etc.

Tout en bas, au pied de la terrasse, la vieille ville se serre en demi-cercle autour du Château, étalant sous les yeux des promeneurs ses toits lépreux et moussus, et laissant entre ses maisons d'étroits passages souvent sombres, puants, humides qui ont la prétention de passer pour des rues.

Plus loin, de l'autre côté du Paillon, c'est la jeune ville, riante de couleurs, et dont les toitures de briques rutilent dans la lumière crue.

Enfin, là-bas, plus loin, c'est le troupeau indiscipliné des villas et des cottages, qui vagabonde égayant de leurs blanches murailles les flancs verdoyants des collines.

Arrachons-nous à ce délicieux spectacle pour entreprendre notre promenade à travers la vieille ville, et descendons du Château par

*L'avenue Eberlé.*

Cette avenue porte le nom d'un général français qui s'illustra, à Nice, en 1814, en mettant fin à force de sang-froid et d'énergie à un conflit sanglant, engagé entre les soldats français revenant d'Italie et les cavaliers hongrois qui avaient accompagné à travers la France Napoléon se rendant à l'île d'Elbe.

---

GRASSE

## GRAND HOTEL MURAOUR
### ET DE LA POSTE

(Voir aux annonces.)

Au pied de cette avenue se trouve le Lycée provisoire de jeunes filles. L'avenue Eberlé s'ouvre sur

*La rue Ségurane*

qui porte le nom de la Jeanne Hachette Niçoise. En 1543, lorsque Nice fut assiégée par les Français et les Sarrasins, elle enleva à ces derniers un drapeau et ranima ainsi le courage des assiégés. La chronique veut que Catherine Ségurane, saisissant l'étendard arraché à l'ennemi, ait fait « *mina di nettarsene... Il che basto per porli in fuga.* »

Que Catherine Ségurane ait montré ou n'ait pas montré aux Sarrasins ce que cette damnée Perrette Caillebotte fit voir avant le visage de Quasimodo, ce n'est point une affaire ; il n'en résulte pas moins qu'on a, à Nice, une grande vénération pour cette héroïne.

Il est étrange que les Municipalités n'aient jamais songé à élever sur une de nos places publiques une statue à cette *bugadiera* fameuse qui, si elle a existé, comme on le prétend, mérite bien cet honneur.

---

NICE
**LA HALLE DU COURS**
VINCENT LIBERGIER
Propriétaire-Directeur.
Spécialité de Jambons anglais York-Cut
(Voir aux annonces.)

*La rue Sincaïre*

nous conduira au cœur de la vieille ville. Le nom de cette rue vient d'une tour pentagonale qui se trouvait dans les environs. (en patois : *tour cinq caïre*). C'est là que Catherine Ségurane s'illustra.

Au haut de cette rue est un vieux couvent transformé aujourd'hui en caserne — la caserne Saint-Augustin. — L'église Saint-Martin qui se trouve à côté et que l'on appelle église Saint-Augustin est restée célèbre : Luther y a célébré la messe le 20 juin 1534, ainsi qu'en fait foi un manuscrit conservé dans la sacristie.

*La rue de la Providence,*

que nous rencontrons à quelques pas de là, est un passage étroit et accidenté. Un homme de bien, l'abbé de Cessoles, organisa dans l'ancien couvent de la Sainte-Croix l'*Hospice de la Providence* où sont recueillies les orphelines et les pauvres filles que la misère conduirait fatalement au vice. Les pensionnaires de ce couvent se nomment *Cessolines*, du nom du fondateur de l'hospice.

C'est dans ce pieux établissement que fonctionnent les fourneaux économiques.

Un peu plus loin se trouve une autre salle d'asile.

*La rue Pairolière*

doit son nom aux chaudronniers (*pairolliers*) qui

l'habitaient. Cette rue débouche sur le boulevard du Pont-Vieux en face de

*La place Garibaldi.*

En mai 1796, Bonaparte se rendant en Italie prononça sur cette place — où va bientôt s'élever une statue de Garibaldi due au ciseau du sculpteur Etex — la harangue bien connue qui commence ainsi :

« Soldats ! Vous êtes nus, mal nourris ; le Gouvernement vous doit beaucoup, il ne peut rien vous donner.
...........................
Je vous conduirai dans les plus fertiles plaines du monde. De riches provinces, de grandes villes seront votre partage, etc... »

La place Garibaldi qui s'est appelée deux fois place Victor, une fois place de la République, et deux fois place Napoléon, est un ancien Champ de Mars. C'est là que, le 12 septembre 1860, le maire de Nice, M. Malausséna, remit à Napoléon III et à l'Impératrice Eugénie les clefs de la ville. C'est là encore que fut consacrée l'annexion du comté de Nice à la France.

Cette place, comme la place Masséna, est entourée de portiques. On y remarque une chapelle dédiée à la *Vierge du Bon-Secours*. Elle porte le nom de chapelle du Saint-Sépulcre. Dans la muraille sont encastrés plusieurs boulets qui avaient figuré sur la première église consacrée à la Vierge du Bon-Secours et qu'on a démolie. La légende veut que ces boulets soient des boulets turcs que la Mère du Christ recueillit dans son tablier pendant le siège de 1543. Sur cette place s'ouvrent plusieurs rues. L'une d'elles conduit au pont Garibaldi qui est jeté sur le Paillon ; une autre,

*La rue Victor*,

est le commencement de l'ancienne route de Turin.

Dans cette rue une porte s'élevait à l'endroit où est situé aujourd'hui l'hôpital de la Croix. A côté de cette porte se trouvait le théâtre Ségurane.

On rencontre dans cette voie la villa épiscopale de Sainte-Agathe qui fut léguée par le comte Sainte-Agathe aux pauvres de Nice et dont les évêques ont la jouissance. Sur cette rue s'ouvre

*La rue du Paillon*

où est située la manufacture des tabacs.

A la route de *Nice à Turin*, qui est le prolongement de la rue Victor, se soude l'ancienne *route de*

---

Maison spéciale d'Ombrelles et Cannes.
ARTICLES EN BOIS DE NICE
## VICTOR CHARREYRE
*26, boulevard du Pont-Neuf, Nice.*

*Gênes.* On y remarque l'usine à gaz. Cette route aboutit à la Corniche que nous visiterons plus tard.

*La rue Cassini.*

On s'explique peu l'aspect grandiose de ce quartier qui jouit aujourd'hui de peu de faveur. Il faut savoir que les maisons de la rue Cassini ont été construites alors que le port franc était pour Nice une source de richesses. La suppression du port franc a porté un coup terrible à ce quartier, où l'on trouve de vastes appartements à bon marché ; ce qui fait qu'il est recherché par les fonctionnaires.

Au commencement de cette rue se trouve

*La rue de Villefranche*

où logea le général Bonaparte (maison N° 1). Accusé de jacobinisme, il y fut arrêté en 1794, en même temps qu'on arrêtait à Paris Robespierre. Bonaparte se rendait en Italie avec son frère Louis et son aide de camp Junot ; il fut envoyé au Fort-Carré d'Antibes. Le comte Laurenti, propriétaire de

## CHAMPAGNE MONFOR
### Dry Genuine Wine
CROVETTO & LOUPIAS, seuls concessionnaires.

1, rue de la Terrasse, NICE.

la maison habitée par le général, se porta caution pour le prisonnier qu'on relâcha bientôt, dès qu'on eut reconnu que les soupçons qui planaient sur lui n'étaient pas fondés, et surtout qu'on avait besoin de lui. Bonaparte se vengea noblement de celui qui l'avait fait incarcérer, et qu'on cherchait à son tour pour jeter en prison : il garda le silence sur la retraite où se cachait son ennemi.

*La place Cassini,*
sur laquelle se trouve l'église du Port, est située au bout de la rue Cassini. On y remarque la maison Astraudo, dont la façade repose sur quatorze colonnes d'ordre toscan, formant péristyle.

Le port, qu'on est en train d'agrandir, s'étendra jusque sur cette place. Le quartier reprendra certainement son antique faveur et s'enrichira.

*Le boulevard de l'Impératrice de Russie*
qui s'arrête au pied du palais indien, à la pointe du mont Boron, communique avec la place Cassini.

Le palais indien dont nous parlons, ou *Château de l'Anglais,* fut bâti par le colonel Smith. Ce petit château, pour la construction duquel tous les styles se sont donné rendez-vous, est assez bizarre à l'œil et ne manque pas d'originalité. Il est surtout joli à voir lorsque le soleil couchant ensanglante ses tourelles et fait flamboyer les vitres de ses œils-de-bœuf.

Ce boulevard fut inauguré le 4 mars 1857, sur les ruines du Lazaret, détruit par une explosion de poudre. L'impératrice de Russie était alors à Nice pour sa santé. La Municipalité fit barrer la chaussée avec un ruban vert et quand la czarine se présenta, le syndic Barralis lui offrit sur un plat d'argent des ciseaux d'or pour couper ce ruban. L'opération terminée. Sa Majesté assista, du haut du pavillon Garibaldi, aux réjouissances publiques organisées en son honneur.

A côté du restaurant de la Réserve, très connu par la colonie étrangère et le monde qui s'amuse, se trouvent le Petit Séminaire et la villa Vigier.

Le Petit Séminaire est dirigé par des Lazaristes. M. l'abbé Courrège, supérieur, a su faire de cet établissement, merveilleusement situé à tous les points de vue, un collège très recherché par les étrangers qui ont leurs enfants à Nice et par la population niçoise.

L'esprit le plus libéral préside à l'instruction et à l'éducation qu'y reçoivent les élèves. Les nombreux succès remportés par ces derniers à leur sortie du Petit Séminaire sont une garantie suffisante pour les personnes en quête d'un collège bien compris et où l'éducation n'est pas négligée pour l'instruction.

Nous arrêterons ici notre seconde promenade.

# CHAPITRE III

Troisième promenade. — Le Pont-Vieux. — La porte du Pont-Vieux. — La place Saint-François. — La place Sainte-Réparate. — La Cathédrale. — La rue de l'Abbaye. — La rue du Jésus. — La rue Droite. — La rue de l'Arc. — La rue du Statut. — La rue des Serruriers. — La rue de la Boucherie. — La rue du Collet. — La rue du Mascoïnat. — La rue Colonna d'Istria. — Les rues du Pontin, du Moulin, du Château, de la Condamine supérieure, du Malonat. — La rue de la Préfecture. — La place Saint-Dominique. — La rue du Pont-Neuf. — La place Charles-Albert. — Le square des Phocéens. — La rue Saint-François-de-Paule. — Le Cours. — La maison d'Ève. — Les Ponchettes. — La statue de Charles-Félix. — Le Port.

Si nous suivons le *boulevard du Pont-Neuf*, ainsi appelé à cause du pont qui reliait encore, il y a quelques années, la place Charles-Albert à la place Masséna, et qu'on a démoli, lors de la construction du Casino, nous arriverons bientôt au *boulevard du Pont-Vieux* qui porte le nom du vieux pont que nous rencontrerons à notre gauche.

*Le Pont-Vieux,*

autrefois pont Saint-Antoine, a été pendant longtemps l'unique pont servant de communication entre les deux rives du Paillon. Il a eu autant de vicissitudes que le couteau à Janot, auquel on changea d'abord la lame et ensuite le manche. Les inondations, les nécessités de la guerre l'ont détruit plus d'une fois, et ce n'est que par opposition au *Pont-Neuf*, construit en 1825, qu'on l'appela *Pont-Vieux*.

Le premier pont qui reliait Nice à Cimiez existait déjà en 1255. Le Paillon l'emporta en 1530 ; l'évêque de Nice, ayant promis des indulgences à ceux qui travailleraient à sa reconstruction, le pont Saint-Antoine fut bien vite rétabli sur ses piles. On l'appela alors le *Pont-Sacré*.

Vers 1540, on l'associa à la défense de la ville, en plaçant à chaque extrémité et sur la pile du milieu, trois portes ogivales pouvant jouer le rôle de forteresses.

Lors du siège de 1543, les Niçois firent sauter deux de ses arches. Il fut restauré en 1545. En 1750, il avait encore ses trois portes ; on les supprima en 1800, en même temps que les fortifications.

Ce pont était, autrefois, construit en dos d'âne ; les deux pentes qu'il présentait furent aplanies afin qu'il restât en communication avec la *porte du Pont-Vieux*, curieux vestige d'un monument historique, qu'une Municipalité, intéressée peut-être à satisfaire la fantaisie (??) de ceux qui demandaient sa démolition, fit jeter à terre, il y quelques deux ans à peine. On a construit à l'endroit où se trouvait cette porte d'un si charmant aspect, un affreux escalier du plus mauvais goût.

On alléguera qu'on a numéroté les pierres et qu'on la reconstruira quelque part. La porte du Pont-Vieux, qui donnait cependant une idée du style gothique employé à Nice au xiii<sup>e</sup> siècle, n'est pas un morceau d'architecture, et reconstruite au milieu du Jardin-Public ou autre part, elle perdra tout son cachet.

A côté de cette porte on voyait encore les fenêtres grillées d'un *prostibulum*, où, pendant la nuit, le podestat faisait, au moyen âge, enfermer les filles de joie. En 1608, le nombre de ces malheureuses n'était que de soixante. Les temps ont quelque peu changé...

*La place Saint-François*

tire son nom du couvent des Franciscains auquel elle servait de cimetière. Elle se trouve presque au bout du boulevard du Pont-Vieux. Elle serait plus justement appelée place de *l'ancien Hôtel de Ville*,

---

*Monte-Carlo-Monaco*

# HOTEL DE RUSSIE
*(Voir aux annonces.)*

car le bâtiment qu'on y voit est l'ancienne Maison Commune.

A cet édifice est adossée une tour de forme élégante, l'ancien clocher du couvent, qui a longtemps servi de beffroi.

En 1405 l'anti-pape Pierre de Lunas (Benoît XIII) logea chez les Franciscains.

C'est dans le réfectoire du couvent, qui justement servait alors de Maison Commune, que le 22 Août 1543, les consuls signèrent la capitulation de Nice.

L'ancien Hôtel de Ville abrite aujourd'hui le Tribunal de Commerce et le bureau du Commissariat de police du II° arrondissement.

Un marché aux légumes est établi sur cette place.

Si nous franchissons l'escalier construit par la dernière Municipalité, à l'endroit où était la porte du Pont-Vieux, nous nous trouvons dans le quartier industrieux et commerçant par excellence : partout des boutiques et des marchands ; tout le monde est affairé. Les étalages en plein vent déployent les

---

## GYMNASE SOHIER
**Fondé en 1866**

NICE — 81, BOULEVARD DUBOUCHAGE — NICE

(Voir aux annonces.)

couleurs les plus éclatantes ; c'est là qu'on trouve surtout les objets de première nécessité, les magasins de la nouvelle ville s'étant réservé plus spécialement le débit des objets de luxe.

La vieille ville atteint à cet endroit sa plus grande largeur. Nous guiderons le lecteur au hasard, à travers le dédale des rues qui forment les anciens quartiers de la ville basse, car il nous serait impossible désormais de continuer notre promenade en suivant un itinéraire méthodique. Nous désignerons, à mesure que nous y passerons, les rues offrant à la curiosité un intérêt historique.

*La place Sainte-Réparate*,

agrandie tout dernièrement, dégage la façade de la cathédrale.

Cette église, qui dépendait des Bénédictins de Saint-Pons, est devenue cathédrale en 1531. Son plan en croix latine et sa coupole élevée rappellent ceux de Saint-Pierre de Rome. La reconstruction de Sainte-Réparate, commencée en 1531, se prolongea jusqu'au milieu du siècle suivant. En 1658, la coupole s'effondra, écrasant sous ses décombres l'évêque Désiré de Pallétis et un grand nombre d'ouvriers.

La façade de la cathédrale n'a rien de bien imposant ; nous dirons plus, elle est ridicule avec ses pilastres et ses pots à feu de style rococo. Au-dessus de la porte est une statue de sainte Réparate, patronne de l'église ; à côté, une statue de saint Bassus. Les deux personnages en plâtre, placés de chaque côté de l'entrée principale, représentent, l'un saint Pons et l'autre saint Siagrius, fondateur de l'abbaye de Saint-Pons.

L'ancien évêché, où sont encore les bureaux de la chancellerie, est situé à côté

*Rue Sainte-Réparate.*

Il fut bâti en 1750, sur l'emplacement d'une maison abbatiale des moines de Saint-Pons qui possédaient depuis le xi$^e$ siècle tout l'îlot de maisons existant autour de la cathédrale. C'est dans cette maison que les Niçois détenant les terres de l'abbaye venaient payer la redevance appelée : *droit de l'abadie.* C'est pourquoi la petite

*Rue de l'Abbaye*

fut longtemps nommée *rue de l'Abadie.*

En 1349, lors d'une révolte des serfs de l'Abbaye, la maison des dîmes fut pillée, et il y eut, rapporte la chronique « plus de cinquante *saumatæ* de vin pur et bon à boire » répandues dans la rue.

En face de l'ancien évêché, de l'autre côté de la rue Sainte-Réparate, s'ouvre

*La rue du Jésus*

ou du *Gesù*, au bout de laquelle on rencontre une

place du même nom dont le côté sud débouche sur

*La rue Droite.*

Celle-ci fait face à l'église paroissiale de Saint-Jacques le Majeur ou du Jésus. Cette église a été construite par les Jésuites, en 1650. Sa façade est de construction plus récente ; on le voit, du reste.

Cette rue, qui n'est pas droite du tout, est coupée par la *rue des Voûtes* et par la *rue de la Loge*. Cette dernière est ainsi nommée à cause de la *logia* où se vendaient à la criée les objets saisis par le créancier.

La rue Droite était la principale rue de la ville basse ; les banquiers, les orfèvres et les merciers y avaient élu domicile.

On remarque dans cette rue le *palais Lascaris*, qui est devenu la propriété de M. Colombo, banquier. Les étrangers pourront le visiter et admirer de magnifiques fresques attribuées à Jean Carlone, l'auteur des beaux plafonds de l'*Annunziata* de Gênes et du dôme de Milan. Le plafond du grand salon représente l'aventure de

## A LA PENSÉE

### CHEMISERIE DE PARIS
#### E. BANLIAT
NICE — 22, avenue de la Gare — NICE

*Phaéton*, — sujet qui a été reproduit au château de Cagnes, petit village des environs de Nice.

La façade du palais Lascaris est ornée de balcons et de toutes les fioritures de l'art italien. Les armoiries des Lascaris se voient encore sur le bouclier de la statue de Minerve qui décore l'escalier.

La famille Lascaris, qui s'est éteinte à la fin du XVIIIe siècle, descendait de Théodore Lascaris, empereur de Constantinople, qui fut détrôné par Michel Paléologue. Après sa chute il se réfugia à Nice, maria sa fille Irène à Guillaume Grimaldi, comte de Tende et de Vintimille. Les Lascaris ont possédé le comté de Tende jusqu'en 1579.

La rue Droite aboutit à la place Saint-François que nous avons déjà visitée.

Parallèlement à cette rue, c'est

*La rue de l'Arc*

que nous suivrons ; ainsi nommée à cause des armuriers et des fabricants d'armes à jet que l'on y

---

**Nice. — *TERMINUS-HOTEL* — Nice.**
En face la Gare. — Ouvert toute l'année.
**S. SCHERER, Propriétaire.**
Correspondant de la Compagnie Internationale des billets circulaires d'hôtels.

rencontrait; cette rue s'appelle, un peu plus loin,
*Rue du Statut.*

C'est là qu'était le *Ghetto*, ou ancienne juiverie. Le nom de *Statut* a été donné à cette rue en souvenir de la Constitution octroyée, en 1848, par Charles-Albert et qui permettait aux juifs de rentrer dans le droit commun.

Citons au hasard les rues qui méritent d'être signalées :

*La rue des Serruriers,*

qui prend naissance au haut bout de la rue de la Loge, était habitée autrefois par les ferronniers. On y voit ainsi que dans la rue de l'Arc des balcons en fer forgé de formes élégantes et capricieuses qui témoignent de l'antique habileté des serruriers-forgerons.

*La rue Centrale*

va du boulevard du Pont-Vieux à la place Sainte-Réparate. Elle rencontre, à gauche,

*La rue de la Boucherie,*

où se trouvaient autrefois la halle et l'abattoir des bouchers de Nice. C'est une des plus anciennes rue de la cité.

*La rue du Collet,*

qu'on appelait *Colletum panis*, colline du pain, doit son nom à un four banal qui appartenait à l'abbaye de Saint-Pons. Elle se trouve à droite de la rue Centrale.

### La rue du Mascoïnat

était au moyen âge la rue la plus tapageuse de Nice. Les filles de joie et les ribauds l'envahissaient. Son nom vient de *male coquinatum*, mal cuit, par allusion aux viandes de toutes sortes qu'on y vendait et dont se régalaient les truands et les gueuses qui la fréquentaient.

Les charcutiers y faisaient, pendant la foire de Saint-André, grand étalage de viandes épicées. Ils débitaient aussi des boissons et tenaient des *tricheries*, c'est-à-dire des jeux de hasard.

Le nom de *Mascoïnat* se retrouve dans plusieurs villes de France. Il y a à Marseille une rue *Maucouïnat*, et à Bordeaux une rue *Maucoudinat*.

C'est de la place aux Herbes à la rue Centrale que se dirige la rue Mascoïnat.

### La rue Colona d'Istria

est située derrière la cathédrale ; elle rappelle la mémoire d'un homme de bien, corse de naissance, qui mourut évêque de Nice en 1833.

Un monument lui a été élevé, — de même qu'à Mgr Sola, — dans l'église Sainte-Réparate.

Mgr Sola et Mgr Colona d'Istria vivront longtemps encore dans le souvenir des nombreux pauvres.

### La rue du Pontin,

qui, de la rue précédente, conduit à la rue de

la Boucherie, tire son nom d'une passerelle au moyen de laquelle on traversait le Paillon à cet endroit.

*La rue du Moulin,*

parallèle à la rue du Pontin, est ainsi nommée à cause d'un moulin à eau, alimenté par le Paillon, et dont le canal passe sous les constructions de cette rue. Le moulin en question a été la propriété communale.

A gauche de l'église du Jésus, que nous avons vue tout à l'heure, on remarque

*La rue du Château,*

voie montueuse qui fut jadis la route desservant la forteresse. Elle mène par une pente assez raide à

*La rue de la Condamine Supérieure,*

où était situé l'ancien couvent des Jésuites, occupé maintenant par les Frères des écoles chrétiennes.

Le nom de *Condamine* servait à désigner les terrains situés dans la partie basse d'une ville. Entre la ville de Monaco et Monte-Carlo — qui sont situés sur deux mamelons — se trouve un quartier encore appellé *Condamine*.

Ici, par *rue de la Condamine Supérieure*, on entendait la rue la plus élevée par rapport à la ville basse; mais la plus basse par rapport à l'ancien donjon du Château.

Mistral, l'auteur de *Mirèio*, prétend que *condamine* vient de *campus domini*, habitation du Seigneur. Nous laisserons les étymologistes se débrouiller tout seuls.

### La rue Saint-Joseph,

où se trouve le grand séminaire, ancien couvent des Bernardines, est à côté de la rue précitée.

Une autre voie descend du Château, c'est

### La rue du Malonat.

Une des grandes industries de Nice, au moyen âge, était la fabrication des tuiles et des briques, appelées en nissard *malon*. La rue du Malonat doit son nom aux briquetiers qui l'habitaient. Cette rue conduisait autrefois au Château. Sans issue aujourd'hui, elle est fermée par un mur de jardin contre lequel est adossée une statue de la madone de *Bon-Secours*, qu'on implora toujours durant les calamités publiques et notamment pendant le choléra de 1854, comme l'atteste une inscription.

On peut voir dans cette rue « une maison d'aspect assez imposant (?) », aux fenêtres grillées. C'est le palais des anciens gouverneurs de Nice.

La rue du Malonat débouche sur

### La rue de la Préfecture,

ancienne *rue du Gouvernement*, et qu'on appelait *Seleya*, au moyen âge ; elle a aussi porté le nom de *Grande Rue*. C'est dans cette rue que sont situés les bureaux de l'Administration départementale.

A droite de l'entrée de ces bureaux, numéro 14, se trouve la maison où mourut Paganini, le 27 mai 1840.

Le corps du célèbre artiste fut exposé pendant trois jours dans une caisse vitrée ; mais comme Paganini avait repoussé les consolations de la religion, le clergé refusa de rendre à sa dépouille les honneurs funèbres. Cyrus Paganini, fils du violoniste, intenta un procès à l'évêque et le gagna. C'est à cette occasion que M. le comte de Cessole, fils du comte de Cessole qui présidait alors le Sénat, reçut, en remercîment de cet acte de haute justice, le violon de Paganini que la famille de Cessole possède encore.

La dépouille de l'illustre musicien fut transportée clandestinement à Gênes sur une petite barque qui vint prendre le cercueil à Villefranche, aussitôt après la réhabilitation papale. Paganini attendit trois ans les honneurs de la sépulture !

---

## TAPIS ANGLAIS & FRANÇAIS
### Linoleum et Toiles cirées.
Etoffes d'ameublement. — Couvertures et Rideaux.

### Victor CHARREYRE
**4 et 6, Descente Crotti, NICE.**

*La place Saint-Dominique,*

qui se trouve au bout de la rue de la Préfecture, date de 1725. Cette place est remarquable par l'ancienne façade du couvent de Saint-Dominique. C'est là qu'en 1521, le jour de la Saint-Jérome, l'évêque de Nice, Boniface Ferrères, célébra le mariage de Charles le Bon, duc de Savoie, avec Béatrix, fille d'Emmanuel, roi de Portugal.

Depuis 1792, le couvent est transformé en manutention militaire, et l'église, après avoir servi de club, est devenue une écurie que l'on a transformée dernièrement en salle de peinture où se font les décors du Théâtre-Municipal.

On parle d'en faire le Palais de Justice. Il serait temps, car le Tribunal de Nice, situé dans *la rue du Sénat,* tout près de la rue de la Préfecture, à côté des prisons, est un local indécent, bien peu fait pour inspirer la crainte et le respect des lois.

La chronique rapporte un fait curieux qui se passa dans l'église du couvent Saint-Dominique :

Vers 1438, on porta dans l'église un domini-

---

**MONACO (MONTE-CARLO)**
**GRAND HOTEL VICTORIA**
ET ANNEXE
*REY Frères, propriétaires.*
(Voir aux annonces.)

cain enseveli dans sa bière. Au milieu des obsèques, le cadavre souleva son linceul, se mit sur son séant et s'écria : — « Je suis damné pour avoir trop tenu à la propriété ! » Puis il se recoucha au milieu de l'émotion de la foule.

En septembre dernier on découvrit dans les combles de l'église des Dominicains, entre la voûte et les toits trois cents squelettes, entassés pêle-mêle. Ces ossements proviennent d'un cimetière qui se trouvait dans les environs et que l'on détruisit il y a deux ou trois cents ans.

Sur cette place se trouve la caserne Saint-Dominique.

### *La rue du Pont-Neuf*

va de la place de la Préfecture, que nous verrons bientôt, à la place Charles-Albert.

On trouve dans cette rue le bureau central télégraphique, le Parquet, le cercle Philharmonique.

Elle est coupée par les rues du *Cours*, des *Terrasses* et de l'*Hôtel de Ville*. Dans cette dernière est située la Mairie.

### *La place Charles-Albert,*

aujourd'hui réunie à la place Masséna, a été achevée en 1868. Elle communique avec la rue Saint-François-de-Paule par la rue Charles-Albert et avec le square des Phocéens par le *boulevard Charles-Albert*.

*Le square des Phocéens*

dont le nom gracieux rappelle le débarquement des fondateurs de Nice, fut autrefois un pré marécageux qu'on appelait *Pré aux oies* ; puis, Marseille nous le pardonne, le *Pré aux oies* devint une sorte de *Cannebière*... où l'on rouait le chanvre ; enfin on en fit un square qu'on orna d'une fontaine dont la sculpture n'est pas sans valeur.

La fontaine des Tritons, malheureusement rongée par la mousse aquatique, est en marbre blanc. Elle fut apportée d'Orient par Eudoxie Lascaris. M. Arson en fit don à la ville.

En 1860, on transplanta sur le square des Phocéens un haut palmier qui était destiné à rappeler l'annexion. Cet arbre est mort il y a une dizaine d'années. Les Niçois ne s'en doutent seulement pas !

Nous laisserons à notre droite le *pont des Anges*, qui fait communiquer la promenade des Anglais avec le *quai du Midi*, et nous nous engagerons dans

*La rue Saint-François-de-Paule,*

qui est parallèle au quai du Midi. Sur ce quai se trouve la Banque de France et la Poissonnerie. La rue Saint-François-de-Paule va du square des Phocéens au Cours.

Les dalles larges dont cette rue est pavée lui donnent un aspect riant. Elle renferme la Bibliothèque municipale, le Théâtre Municipal, le Bureau central des Postes, l'église Saint-Dominique, l'Ecole municipale.

L'ancienne maison de M. le comte Saint-Pierre de Nieubourg, où se trouvent les *Bains Polythermes*, a servi d'hôtel de la Préfecture sous la République et sous l'Empire, et d'hôtel de l'Intendance sous le régime sarde.

La façade principale de ce palais devait être sur le quai du Midi, à en juger par les cariatides et les pilastres qui le décorent du côté de la mer.

C'est là que descendit, le 20 mars 1796, Bonaparte, général en chef de l'armée d'Italie. Il y conçut, dit-on, le plan de la campagne qu'il allait entreprendre. A deux reprises, Pie VII logea dans cette maison, et Victor-Emmanuel y séjourna aussi avec sa famille, en 1821.

L'église Saint-François-de-Paule, qui fait face à cette maison et au Théâtre-Municipal, fut commencée en 1736, en même temps que le rectangle du bâtiment dont elle fait partie. Ce temple est, après Notre-Dame de Nice, celui qui attire le plus grand nombre d'étrangers.

## *Le Cours*

était jadis la promenade du beau monde de l'époque; ce n'est plus aujourd'hui, pendant l'hiver, que le marché aux légumes. L'été, le marché se tient sur le boulevard du Pont-Vieux.

Le marché, à Nice, garde quelque chose de campagnard qui est vraiment charmant. Nous engageons vivement les étrangers à aller le matin, entre 9 heures et 11 heures, y faire un tour de promenade et acheter des fleurs, que l'on trouve à un prix bien moins élevé que dans les magasins spécialement affectés à cette branche du commerce niçois.

C'est dans la rue Saint-François-de-Paule et sur le Cours que le défilé carnavalesque, appelé *Corso*, offre le spectacle le plus intéressant ; c'est là aussi que l'animation de la foule et des masques est la plus grande.

Sur le Cours était, au moyen âge, l'arsenal du port Saint-Lambert qui se trouvait entre les Ponchettes et l'embouchure du Paillon.

### *Les Terrasses.*

Le Cours est longé par les Terrasses qui ont remplacé les remparts de la ville. A l'extrémité orientale du Cours, la Municipalité fit construire en 1826, en l'honneur de Charles-Félix, la porte marine qu'on peut voir encore.

On arrive sur les Terrasses par trois escaliers, l'un est sur le quai du Midi, l'autre sur le Cours, le troisième dans la rue des Ponchettes.

Les Terrasses furent construites par une Société de propriétaires (1759). Cette promenade était très fréquentée ; elle est abandonnée aujourd'hui. L'impasse qui se trouve entre les deux Terrasses s'appelle *Cité du Parc*.

*La place de la Préfecture,*

au fond de laquelle l'hôtel de la Préfecture étale sa façade blanche, s'ouvre, au midi, au milieu du Cours. Un joli jardin sépare la Préfecture de la place : on y remarque deux palmiers dont les fruits, autrefois soigneusement recueillis, étaient envoyés au roi. Sa Majesté n'était pas difficile si elle mordait dans ces dattes vertes, car la datte ne mûrit pas à Nice.

Un porche accessible au public fait communiquer la rue et la place de la Préfecture.

La Préfecture, bâtie vers 1611, fut appelée d'abord Palais-Royal, et puis Palais du gouvernement. Charles-Emmanuel l'inaugura en 1613.

En 1792, la phalange marseillaise, qui mettait à feu et à sang les demeures des aristocrates, pilla la Préfecture et brûla les archives.

---

## MONACO (MONTE-CARLO)
### ACHAT & VENTE DE BIJOUX ET DIAMANTS
## ERNEST CIOCCO
GALERIE, Avenue des Spelugues, à deux pas du Casino.
(Voir aux annonces).

En 1860, cet édifice reçut l'empereur Napoléon et l'impératrice Eugénie.

A l'angle formé par la place de la Préfecture et le Cours, du côté Est, se trouve une chapelle bâtie en 1736. On la cite comme une des constructions remarquables de Nice. Elle a été cédée par la ville aux Pénitents noirs qui ont charge d'administrer le Mont-de-Piété connu sous le nom de : « Œuvre de la Miséricorde ».

*La rue de la Poissonnerie,*

qui se trouve près de là, conduit à la rue de la Préfecture ; on y remarque une église, Saint-Jaume, très fréquentée par les marins. Il ne faut pas oublier de voir en passant « la maison d'Eve ». C'est tout simplement une maison dont la façade est ornée d'un bas-relief représentant deux personnages nus, devant l'arbre de la science du bien et du mal. Ces deux personnages sont armés de massues dont ils ont l'air de se menacer. Ce naïf morceau de sculpture est daté de 1584. Est-ce une satire contre le mariage

## AGENCE ROUSTAN
Avenue de la Costa, à MONTE-CARLO
LOCATION DE VILLAS ET D'APPARTEMENTS
ACHAT ET VENTE DE PROPRIÉTÉS
RENSEIGNEMENTS GRATUITS

en général, et en particulier contre le ménage qui habitait cette maison ?.....

Des Terrasses au Port on suit une belle voie,

### Les Ponchettes,

conquise en partie sur la colline du Château ; elle doit son nom aux rochers pointus qui plongent à cet endroit dans la mer.

Mais gare au coup de vent, voici

### Rauba-Capeü,

ce qui signifie, en nissard : *volé chapeau*.

Il est à souhaiter qu'on conserve longtemps son nom à cette partie des Ponchettes où se trouve une sorte de paravent en maçonnerie derrière lequel s'abrite un bec de gaz. Rauba-Capeü est assez pittoresque pour que, si Richepin plaide dans *Le Pavé* en faveur des noms de rues du vieux Paris, nous plaidions nous aussi, en passant, pour que l'on conserve leurs vieux noms aux vieilles rues de notre ville.

*Rauba-Capeü* est l'un des points les plus curieux du littoral ; quand la mer est forte, les vagues qui viennent se briser contre les rochers et rejaillissent jusque sur la chaussée, en s'engouffrant dans les cavités marines situées sous la route produisent des détonations semblables à des coups de canon.

### La place Bellevue.

Sur cette place s'élève une statue de Charles-Félix désignant du doigt le port franc de Nice. Les Niçois, lorsque Charles-Albert abolit le port franc, coupèrent d'un coup de pierre l'index du brave monarque en marbre, pour empêcher la statue de mentir.

De la place Bellevue part l'*avenue Montfort* qui monte au Château du côté opposé à l'avenue Eberlé.

### Le Port.

Le port actuel s'appelait autrefois *Port Lympia*. Il a une étendue de 400 mètres de surface; quand les travaux d'agrandissement seront achevés, le port sera deux fois plus grand.

Le port de Nice, qui a été creusé par les hommes, est peut-être un des plus sûrs du littoral.

## CHAPITRE IV

**Les Musées. — La Bibliothèque municipale. — La Presse**

Comme on vient de le voir, ce n'est pas pour les monuments qu'on peut y visiter que l'étranger se rend chaque hiver à Nice. Cette ville, qui a eu son temps de gloire et que les guerres ont ravagée si souvent, n'offre aujourd'hui presque aucun intérêt historique.

Cependant nous serons obligés, pour être tout à fait dans notre rôle de cicerone, de dire quelques mots sur les Musées et la Bibliothèque de Nice.

Ce ne sera pas long.

Le Musée artistique de la rue Saint-François-de-Paule, 2, est de formation récente ; il est ouvert au public de 10 heures du matin à 3 heures du soir.

Il est composé de tableaux et de statues de différentes provenances, d'antiquités de toutes sortes ; à proprement parler ce n'est pas un musée. Il y a lieu d'espérer, cependant que ce rudiment de galerie s'augmentera de tous les objets d'art que l'on rencontre encore à Nice et que le public n'est pas appelé à voir, car il y a lieu de compter sur la générosité de quelques amateurs qui ne voudront pas continuer à jouir seuls des trésors artistiques dont ils ont enrichi leurs salons.

D'un autre côté, le regretté A. Carlone avait, dès l'année 1849, institué Nice, sa ville natale, sa légataire universelle. Son testament, fait en 1870, maintenait cette disposition, à la condition que le montant de ce legs serait placé et que les intérêts seraient capitalisés jusqu'à concurrence de deux millions. Moitié de cette somme devait être employée à la fondation d'un musée où seraient déposés, dans une salle spéciale, ses livres et ses tableaux ; l'autre moitié devait servir à augmenter annuellement le musée.

Dans le cas où la ville de Nice refuserait ce legs, A. Carlone a stipulé que les villes de Marseille, de Cannes ou de Paris seraient successivement appelées, après Nice à recueillir sa succession.

Le Musée artistique de la rue Saint-François-de-Paule est donc le commencement du *Musée Carlone*.

On y voit une certaine quantité de débris archéologiques trouvés au Château, depuis 1825 ; des bornes millières de la voie Aurélienne ; une collection de gravures ; des toiles envoyées par la direction des Beaux-Arts : *Un sacrifice antique*, de Vanloo ; *le Ruisseau*, peint par E. de Mortemart ; *deux Femmes égyptiennes*, de Clément ; etc.. etc.

Voici maintenant les tableaux ou autres objets d'art qu'on peut voir à Nice.

A la mairie, les portraits de Charles-Félix, peint par Biscarra ; de Catherine Ségurane ; de

Masséna ; de Garibaldi ; de Pie VII ; de Victor-Emmanuel II, etc.

On trouvera, à la chapelle du Saint-Sépulcre, place Garibaldi, au-dessus du maître-autel, un tableau de Vanloo ; à l'église du Jésus, rue Droite, un tableau attribué aussi à Vanloo, une tête du Père Eternel ; à l'église Saint-Jean-Baptiste un tableau peint par Hauser ; Mlle de Chaveau, qui brillait par sa beauté, prêta pour ce dernier tableau ses traits à l'ange qui remet le glaive vengeur dans le fourreau.

Chez M. le comte de Cessole-Spitalieri, place Saint-Dominique, se trouve le Stradivarius de Paganini dont nous avons parlé au chapitre précédent.

C'est à la villa des Palmiers, qui appartient à M. Gambart, consul d'Espagne, que l'on voit la plus belle galerie de tableaux qui soit à Nice dans une maison privée. On y remarque entre mille tableaux splendides, de superbes études d'animaux, de Rosa Bonheur.

* * *

# BAZAR DU PRINTEMPS
## EUGÈNE JAUME
46, Avenue de la Gare, 46.
### NICE

La Bibliothèque municipale, rue Saint-François-de-Paule, 2, est ouverte de 10 h. du matin à 3 h. du soir et de 7 h. à 10 h. du soir, en hiver ; de 9 h. du matin à 4 h. du soir, en été.

Elle est assez riche ; elle possède 45,000 volumes parmi lesquels quelques ouvrages modernes seulement. Une vitrine spéciale contient plus de 200 volumes incunables et plusieurs autres manuscrits italiens anciens et modernes.

Nous voudrions voir la Municipalité actuelle prendre à cœur de doter la ville de Nice d'une bibliothèque bien comprise où l'étranger pourrait consulter à son gré, non seulement les ouvrages qui ont traité de Nice, de son histoire, et de son climat, mais encore les principaux chefs-d'œuvre de la littérature moderne.

\*
\* \*

Le Cabinet d'Histoire Naturelle, place Garibaldi, 6, a été créé par le savant naturaliste Jean Vérany, à qui la ville l'acheta en 1846, moyennant une rente viagère.

## M. CHABRIER'S HOUSE
### EXCELSIOR TAILOR

ARTICLES EXCLUSIFS

NICE — 24, Avenue de la Gare, 24 — NICE

Il est ouvert au public les mardis, les jeudis et les samedis, de midi à 3 heures.

M. l'abbé Vérany, dont l'amabilité est bien connue des étrangers qui ont visité ce musée, est depuis longtemps conservateur du Cabinet d'Histoire Naturelle de Nice.

Les salles de ce musée renferment 1,800 espèces d'oiseaux ; — la plus riche collection de céphalopodes de la Méditerranée ; — 2,500 espèces de coquilles, vivantes céphalées, déterminées avec soin ; — 1,500 espèces environ d'acéphales ; — quelques quadrupèdes ; — les reptiles et les crustacés du pays ; — une collection géologique et paléontologique qui embrasse particulièrement les gisements des Alpes-Maritimes ; — une collection de fossiles trouvés au Château ; — une physalie, polypier flottant, commune sous les tropiques et ramassée dans la Méditerranée ; — enfin une collection de champignons, en cire, très précieuse et dont M. Barla, mycétologue distingué, a fait hommage à sa ville natale.

*\*\**

Et maintenant parlons un peu des journaux et des revues qui paraissent à Nice. Le sujet est assez délicat pour que nous y mettions toute notre attention, afin de ne blesser l'amour-propre ou la vanité de nos chers confrères.

Nice est, sans contredit, vu le chiffre de sa population, la ville de France qui compte le plus de publications périodiques. Nous nous dispenserons de donner la cause de cette affluence de journaux qui n'est intéressante, somme toute, que pour les intéressés. Une grande partie des directeurs et rédacteurs de ces publications font partie du Syndicat des Journalistes et gens de lettres, fondé dans le courant de 1886.

Parmi les journaux quotidiens, nous citerons par ordre alphabétique :

L'*Eclaireur du Littoral* (avenue de la Gare, 21) ; prix du numéro 5 centimes. Journal républicain, radical comme on l'est en province, et entièrement dévoué aux intérêts de Nice. Rédacteur en chef : M. Jules Michel, jeune avocat d'avenir, doublé d'un polémiste habile.

La *Gazette de Nice* (place de la Préfecture) ; prix du numéro 5 centimes. Journal *bien pensant*, dans le sens que les orléanistes et les gens pieux attachent à ce mot ; ne paraît pas le dimanche.

Le *Pensiero di Nizza* (boulevard du Pont-Neuf, 10) ; prix du numéro 10 centimes. A le tort, selon nous qui sommes français, d'être *fait à l'italienne* par un écrivain doué d'un incontestable talent du reste : M. André.

Le *Petit Niçois* (avenue de la Gare, 17) ; prix du numéro 5 centimes. Est devenu le journal de l'opposition locale à la suite des derniers événe_ments municipaux. Rédacteur en chef : M. Ferbeyre, un journaliste de race, et, ce qui ne gâte rien, un tempérament du midi.

Le *Phare du Littoral* (descente Crotti, 8); prix du numéro 5 centimes. Journal républicain. Rédacteur en chef : M. C. Pierre-Pierre, auteur des *Brouillards de Nice*, un livre qui fit jadis quelque bruit dans le Landerneau niçois.

Parmi les journaux bi-hebdomadaires, hebdomadaires, bi-mensuels et mensuels, nous citerons :

*The Anglo-American* (place du Jardin-Public, 1). Directeur : M. Lemercier qui s'occupe spécialement de la colonie américaine à Nice.

L'*Avenir Commercial* (rue Penchienatti, 4). Ce titre suffit à indiquer le but de ce journal, rédigé par son propriétaire, M. V. Garien, dont la compétence industrielle et commerciale égale la valeur littéraire.

La *Curiosité* (Sainte-Hélène, banlieue de Nice), est dirigé par M. Bosc. Il s'occupe d'archéologie, etc.

Les *Echos de Nice* (rue Croix-de-Marbre) a pour

---

Monte-Carlo-Monaco

# HOTEL DE RUSSIE

(*Voir aux annonces.*)

propriétaire M. Dalgoutte. Il publie une liste des étrangers, très complète.

L'*Eglise Libre* (avenue de la Gare, 21), est rédigé par MM. L. Pilatte et Draussin, deux écrivains de talent et deux évangélistes de grand zèle.

*Galignani's Messenger* (quai Masséna, 15), a pour rédacteur en chef M. Langlois. Ce journal s'adresse à la colonie anglaise.

L'*Immeuble* (rue Adélaïde, 9). Journal d'affaires, dont nous ne dirons rien puisqu'il est rédigé par l'un de nous, ainsi que

Le *Journal des Etrangers* (rue Gioffredo, 54). Ce journal publie une liste d'étrangers, très soignée, sous la direction de M. Ch. Jougla.

*The Mediterranean* (rue Paradis). Journal de saison dirigé par M. Pouget.

Le *Monde élégant* (rue Garnieri), est l'écho de tous les salons mondains de notre ville. Il paraît deux fois par semaine sous la direction de MM. Albert Leroy et J. de Fontanes. C'est le journal aristocratique par excellence.

Le *Moniteur des Etrangers* (rue du Cours, 2), est

---

## CHARLES JOUGLA

Agent spécial pour location des villas et des appartements
à Nice et à Monte-Carlo.
Bureau du *Journal des Etrangers*.
NICE — 55, RUE GIOFFREDO, 55 — NICE

encore un journal de saison et de liste. C'est l'organe d'une des meilleures librairies de Nice, la librairie Visconti.

*Nice-Artistique et Industriel* (rue Saint-Michel, 3), a pour directeur M. L. Cassini. C'est le seul journal réellement illustré à Nice et avec des éléments niçois. C'est aussi un journal mondain. Il paraît une fois par semaine.

*Nice-Médical* (rue de la Buffa, 4), est publié par la Société de Médecine de Nice.

*Nice-Théâtre* (avenue de la Gare, 21), est la propriété de M. Casimir ; il s'occupe de tout un peu et aussi de théâtres.

*Nice-Times* (avenue de la Gare, 26). C'est le concurrent de *The Anglo-American*. Directeur : M. Webb.

Le *Nouvelliste de Nice* (boulevard du Pont-Neuf, 36). Directeur : M. Salengo. Rédacteur en chef : M. V. Garien, familièrement appelé Silvio par les Muses.

Les *Petites Affiches* (descente Crotti, 6). Organe des notaires, avoués et huissiers.

Le *Rabelais* (rue d'Amérique, 6). Cette revue fantaisiste est rédigée par M. Hardy-Polday, correspondant du *Gil-Blas* et du *Petit Var* à Nice.

Le *Railway* (avenue de la Gare, 21), n'est autre chose qu'un horaire des chemins de fer, très complet et fort bien fait du reste.

La *Saison de Nice* (rue Adélaïde, 9). Directeur :

M. Garnier. Un des journaux littéraires les mieux faits.

La *Semaine Religieuse* (place d'Armes). Journal des intérêts diocésains.

L'*Union artistique et littéraire* (rue Gioffredo, 6), est publié par Léon Sarty (M$^{me}$ de Sauteiron), auteur du Guide qui porte son nom (Guide Sarty) une des monographies de Nice, les plus estimées.

La *Volonté de Nice* (rue d'Italie), a pour rédacteur en chef M. Hardy-Polday.

Nous terminerons par une ligne *d'et cætera*, que le lecteur pourra prolonger à son gré...

. . . . . . . . . . . .

## CHAPITRE V

Promenade « extra-muros ». — Carabacel. — Cimiez.
— Ruines de Cemenelum. — La légende de Tatia. —
Le crocodile. — Le couvent et le cimetière de
Cimiez. — L'abbaye de Saint-Pons. — Le martyre
de l'évêque saint Pons.

Nous ne sommes pas partisans des descriptions, lorsqu'il s'agit d'indiquer au lecteur un site qu'il verra lui-même. Et, d'ailleurs, quel que soit l'enthousiasme de l'auteur et son lyrisme, nous pensons que les lecteurs voient rarement les choses telles qu'il a voulu les dépeindre : entre le tableau écrit et celui de la nature, il y a toujours place pour une déception. Nous laisserons donc le touriste, qui entreprendra de visiter les environs de Nice, libre de courir à son gré par la campagne ; nous nous bornerons à lui indiquer les lieux les plus intéressants et qui méritent spécialement une visite.

*Carabacel* fournira sans aucun doute la première excursion *extra-muros* à l'étranger nouvellement arrivé à Nice.

Ce quartier est excessivement salubre.

On y arrive en suivant l'avenue de la Gare prolongée jusqu'au boulevard Carabacel.

On y rencontre les villas les mieux exposées

pour les malades, les amateurs de soleil et les amis du repos.

Ce faubourg aristocratique est un des plus intéressants à cause des souvenirs historiques qui s'y rattachent et des ruines qu'on y voit encore. De la place Masséna à Cimiez, par le quai place d'Armes et la *montée* de Cimiez, il ne faut pas plus de trois quarts d'heure, à pied. On peut aussi passer par les boulevards qui s'ouvrent à Carabacel.

Après avoir suivi une route carrossable qui monte entre de superbes villas et de riches jardins, on arrive aux ruines des arènes que traverse la route.

Il ne reste plus grand chose de la vieille *Cemenelum*, de la capitale des Védiantiens, dont Auguste fit la cité romaine qu'Alboïn, roi des Lombards, mit à feu et à sang et détruisit ensuite.

C'est à Cimiez que les riches familles patriciennes se rendaient pour rétablir leur santé. Les inscriptions qu'on a trouvées rappellent le souvenir des Manlius, des Julius, des Valérius, des Cassius, des Verus, des Servilius, etc...

De l'amphithéâtre, appelé par les paysans la *Tina dei fada*, la cuve des fées, mesure 65 mètres sur 54 et pouvait contenir 8,000 spectateurs, le tiers de la population.

A propos de ce cirque, la légende raconte que la néophyte Tatia ayant refusé de brûler de l'encens à

Jupiter, fut traînée par les cheveux dans l'arène, et là les hurlement des fauves la décidèrent bientôt à sacrifier aux dieux romains. Quinze jours après, la pauvre enfant mourait de honte.

Mille ans s'étaient écoulés depuis la mort de Tatia, lorsque Randazzo, élève de Raphaël, surpris par l'orage, se réfugia au milieu des ruines de l'arène. Tout à coup, entre deux éclairs, lui apparut le fantôme de Tatia. La charmante vierge conduisit le peintre dans un palais fantastique, où des esclaves au teint cuivré s'empressaient autour des tables La sainte et le rapin festoyèrent joyeusement. Enfin la vierge, qui avait peut-être un peu trop bu, voulut pousser la complaisance jusqu'à faire voir à Randazzo ce qu'était autrefois un combat de fauves et le conduisit au milieu du cirque. L'arène s'emplit bientôt de tigres, de panthères, d'hyènes, de lions, de belluaires. Voilà notre Randazzo effrayé qui fait un signe de croix ; aussitôt la vision disparait, et avec elle la chaste Tatia, qui devait être une bien bonne fille, au dire de ce niais de Randazzo.

---

Succursale de la Compagnie fermière
DE VICHY
*toutes les eaux minérales naturelles et leurs produits.*

**MAISON CLAUD & MÉTIVET**
NICE — 26, rue Masséna, 26. — NICE

Mais la légende la plus terrible et dont les nourrices interdiront la lecture à leurs nourrissons, c'est celle que racontent encore aujourd'hui avec un sang-froid et une bonhomie imperturbables les moines du couvent de Cimiez.

Il y avait une fois, dans le quartier, disent les bons pères, un dragon qui mangeait tous les jours ses deux ou trois *chrétiens*. Les populations infortunées implorèrent l'aide du ciel. Les moines de Cimiez joignirent leurs prières à celles de leurs braves paroissiens et Dieu se laissant toucher, envoya un ange qui saisit le dragon, l'empailla en un tour de main et le suspendit à la voûte de l'église du couvent ; il y resta jusqu'en 1857, époque à laquelle le père supérieur, jugeant que le féroce animal était en trop mauvais état pour être encore exposé aux regards des visiteurs, le fit reléguer dans la sacristie.

Nous avons vu, il y a quelques années encore, le redoutable dragon ; c'était tout simplement un pauvre petit diable de crocodile échappé à quelque

## GYMNASE SOHIER
### Fondé en 1866
NICE — 31, BOULEVARD DUBOUCHAGE — NICE

(Voir aux annonces.)

saltimbanque. En ce temps là les moines de Cimiez la baillaient belle à leurs ouailles !

Après l'amphithéâtre, les ruines les mieux conservées sont celles que l'on pourra visiter dans la propriété Garin de Coconato qui se trouve à côté des arènes. On y voit l'ancien temple d'Apollon et quelques autres débris de monuments par lesquels on a appris que l'impératrice Salonine, épouse de Gallien, habita Cimiez ; entre autres objets curieux on a trouvé dans la propriété Garin le commencement de deux aqueducs, diverses inscriptions et les restes d'un *nymphœum* qui devait faire partie d'un ensemble de thermes.

Si l'on continue à suivre la route qui tourne à droite, on arrive bientôt au couvent qui a été bâti, en 1450, sur les ruines d'un ancien temple de Diane.

Cet édifice, habité par des franciscains, n'offre rien de bien remarquable, si ce n'est la magnifique position qu'il occupe sur la colline de Cimiez. C'est en construisant ce couvent qu'on recueillit la plupart des antiquités romaines qui ont servi à rétablir l'histoire de *Cemenelum*. Les fouilles qu'on fit plus tard ont mis au jour des fûts de colonne, des lampes en argent, des tombeaux, des urnes, des colliers, des statues en or, en argent, en bronze, des médailles de tous les modules, du froment carbonisé dans l'incendie allumé par les Lombards, des ustensiles, des ossements. Sans l'indolence des diverses municipalités niçoises qui ont laissé libre le commerce de ces antiquités, Nice aurait, comme Naples, son musée d'antiquités locales.

Dans l'église du couvent se trouvent deux superbes peintures de Bréa ; le peintre niçois, condisciple de Raphaël, fut un des chefs de l'Ecole génoise.

A visiter, le cimetière de Cimiez qui est adossé à l'église; il est de bon ton parmi les habitants de Nice de se faire inhumer là. A l'entrée du cimetière, sur la place qui s'étend devant l'église, on voit une croix en marbre supportée par une colonne torse d'origine romaine. Cette croix, qui orna longtemps la place Saint-François, alors qu'elle était le cimetière des franciscains, fut transportée à cet endroit, lorsqu'on bâtit le couvent.

La fête locale de Cimiez a lieu le 25 mars. C'est en même temps la foire aux gourdes. Nous engageons vivement les étrangers à se rendre, ce jour-là, de bon matin, à Cimiez ; le spectacle qu'ils verront sera des plus animés. Çà et là, sur l'herbe, des groupes se forment, et l'on mange la traditionnelle *tourta de blea*, en chantant les rondes niçoises qui, chaque printemps, reviennent aux lèvres des vrais Niçois, comme les fleurs aux rameaux.

A côté du cimetière de Cimiez, se trouve un sentier qui s'ouvre derrière la croix dont nous avons parlé et qui permet de descendre en vingt minutes à l'abbaye de Saint-Pons.

De la place Masséna à Saint-Pons, par le quai place d'Armes, il faut environ une heure.

La route d'endiguement qui mène à Saint-Pons fut construite en 1810. Un peu avant d'arriver à l'abbaye, on remarque, sur la crête d'un rocher surplombant une carrière à pierres, les ruines d'une petite chapelle appartenant jadis aux bénédictins qui furent, au $11^e$ siècle, comtes de Cimiez.

L'abbaye de Saint-Pons a été fondée en 775 par Siagrius, ou saint Siagre, fils de Carloman, roi d'Austrasie et neveu de Charlemagne. Grâce à la générosité de ce dernier monarque, qui séjourna à deux reprises dans ce couvent, lorsqu'il revint de Lombardie et lorsqu'il alla se faire couronner empereur à Rome, les bénédictins acquirent une haute importance dans les annales ecclésiastiques de la Provence.

Pierre Gioffredo, historien éminent qui naquit à Nice, était abbé de Saint-Pons à la fin du $XVII^e$ siècle.

Cette abbaye fut élevée en l'honneur du martyre de saint Pons, évêque de Nice que le préfet Claudius fit décapiter le 11 mai de l'an 261. La tête du saint roula dans le Paillon et, entre deux cierges s'en fut jusqu'à la mer, portée par les flots du torrent. D'où nous pouvons conclure, puisque le Paillon roulait, le 11 mai 261, autre chose que des galets, que la journée du 10 mai de la même année fut très pluvieuse. Voilà comment on écrit l'histoire.....

L'abbaye de Saint-Pons, où le corps de l'évêque martyr fut enseveli, a été plusieurs fois pillée par les Sarrasins, mais les largesses des ducs de Savoie en relevèrent toujours les ruines.

L'église actuelle ne renferme qu'un tableau de Cartel, peintre niçois, et un bout du doigt de saint Pons.

On a parlé dans le temps d'établir à l'abbaye un dépôt de mendicité. Saint-Pons n'a encore rien vu venir.

A quelques pas de l'église, se trouvent les ruines d'un temple romain.

Au fond du cloître on peut voir un fragment du tombeau de saint Pons, portant le commencement de l'inscription suivante :

DOMNO KAROL.....

*
* *

En remontant toujours la rive droite du Paillon, on rencontre, non loin de Saint-Pons, l'Hospice des aliénés, et plus loin encore le château de Saint-André, qui sera le but d'une nouvelle promenade.

# CHAPITRE VI

Le château et la grotte Saint-André. — Tourette. — Inscription romaine. — Grotte et ruines de Châteauneuf.

La grotte et le château de Saint-André sont assez curieux pour que l'étranger se donne la peine de continuer sa promenade au delà de Saint-Pons, sur la route de Levens qui passe au pied de l'abbaye.

De la place Masséna à la grotte de Saint-André, il faut environ une heure et quarante minutes, en marchant *d'un bon pas*.

Le château de Saint-André s'élève dans une situation admirable, à l'entrée de la vallée de Tourette. Un petit pont en pierre, jeté sur le Paillon, le réunit à la route de Levens.

Ce château fut bâti, en 1687, par Antoine et Gaspard Thaon, de Lantosque, qui avaient reçu du duc Victor-Amédée, avec le titre de marquis, le fief de Saint-André, détaché de Tourette. Le comte Thaon de Revel, son dernier propriétaire, l'a vendu avec le domaine qui en dépendait. Aujourd'hui le château tombe en ruines; son aile droite est occupée par une chapelle et le corps principal de logis par une école primaire.

Du château à la grotte, par la ravissante allée de cyprès, qui côtoie le torrent et passe devant l'établissement de pétrification qu'un industriel a eu l'idée de créer à l'instar des ateliers de pétrification de Vichy, il ne faut pas plus de quinze minutes.

Au bout de l'allée on trouvera un restaurant où l'on pourra fort bien déjeuner, surtout si l'on a soin de prévenir le propriétaire quelques heures à l'avance.

La grotte de Saint-André n'est qu'un pont naturel sur lequel passe la route de Levens. Il a été formé par la fontaine pétrifiante qui coule au-dessus. A l'entrée de la grotte pendent des draperies délicates faites de lierres touffus, de lianes capricieuses, de caprifiguiers et de capillaires. Une barque vous promènera dans la grotte dont les parois sont tapissées de mousses, et vous conduira à l'endroit d'où le torrent dégringole. Alphonse Karr, dans les *Promenades hors de mon jardin*, a décrit ce lieu ; il déclare qu'à l'Opéra, un décor qui représenterait exactement la grotte de Saint-André serait déclaré absolument exagéré, et qu'on reprocherait au peintre d'emprunter ses effets, non pas à la nature, mais aux contes de fées.

De Saint-André à Tourette, la route serpente avec la vallée dans une gorge qui rappelle celle d'Ollioules. Tourette est un pauvre petit village, perché sur un rocher aride, dominé par les ruines d'une tour et d'un château féodal. La tour a donné son nom au village (tourette, petite tour).

Dans ce village on voit l'inscription suivante, placée dans la chapelle Saint-Sébastien, et dédiée aux dames védiantiennes :

MATRONIS VEDIANTIABVS
P. ENISTALIVS P. F. CL.
CEMENEL. OPTIO AD ORD.
LEG. XI, PRIMIGENIÆ
PIAE, FIDELIS, L. M. P.

Il est probable que ce P. Enistalius, fils de Publius, citoyen de Cimiez de la tribu Claudia, officier adjoint à la onzième légion primigène, pieuse et fidèle, fit élever ce monument à l'occasion des funérailles de quelques matrones de Levens ou de Cimiez qui avaient péri dans une catastrophe.

De Tourette, un guide vous conduira à Châteauneuf. Les inscriptions latines et l'ensemble majestueux des ruines féodales que l'on y voit, témoignent de l'importance qu'avait, au temps des Romains et au moyen âge, cette ville aujourd'hui abandonnée, située à 15 kilom. de Nice, c'est-à-dire à quatre heures et vingt minutes de la place Masséna.

La commune actuelle de Châteauneuf comprend les hameaux de Cantaron, de Ville-Vieille et de Bendejun, où se trouve un temple dédié à Junon.

Châteauneuf était une bourgade des Védiantiens dont les Romains firent une station militaire.

Les ruines se composent de grandes murailles, d'un portique fortifié et d'une tour robuste, remplie de recoins, de souterrains, d'issues secrètes.

Il y a tout près de Châteauneuf, une grotte très intéressante et de beaucoup plus belle que celle de Saint-André. On y entre en se couchant presque à plat ventre. Au milieu de la grotte obscure se trouve un précipice dont une pierre, jetée dedans, ne peut indiquer le fond. Cette grotte est très vaste. Les torches que l'on allume à l'intérieur produisent sur les stalagmites et les stalactites des effets de lumière vraiment fantastiques.

Il court sur les ruines de Châteauneuf des légendes diverses. Les populations croient encore qu'elles sont hantées par les *masques*, les fées.

On peut aussi se rendre à Châteauneuf par la route de Turin, qui longe la rive gauche du Paillon.

# CHAPITRE VII

Saint-Etienne ; le Piol. — Saint-Philippe. — Le vallon de Magnan. — Le vallon de la Madeleine. — Sainte-Hélène ; Carras. — Le jardin du bois du Var. — Cagnes. — Villeneuve-Loubet. — Vence.

De la place Masséna à l'église du quartier Saint-Etienne, par l'avenue de la Gare et la rue Reine-Jeanne, il ne faut pas plus de vingt minutes.

Ce quartier, qui se trouve à côté du Piol où fut construite l'Exposition Internationale de 1883, est coupé par un splendide boulevard auquel on a donné le nom de boulevard Gambetta. Par cette grande artère on peut se rendre de Saint-Etienne à Pessicart et à Saint-Barthélemy.

Parmi les belles villas que renferme le quartier Saint-Etienne, nous devons citer la villa Bermond où la grande duchesse Hélène de Russie a séjourné deux fois et qui renferme la chapelle érigée en mémoire du czarewich Nicolas Alexandrowitch,

## A LA PENSÉE

### CHEMISERIE DE PARIS
#### E. BANLIAT
NICE — 22, avenue de la Gare, — NICE

mort à Nice, en 1865. Cette chapelle s'élève sur l'emplacement de la villa où mourut le grand duc.

Alphonse Karr, dont le nom reviendra souvent sous la plume de ceux qui parleront de Nice et de ses fleurs, a habité longtemps la villa Bermond n° 2. C'est là que le spirituel écrivain-jardinier a écrit son *Voyage autour de mon jardin*.

Ne pas oublier de visiter, à Saint-Etienne, le joli vallon de la Mantega.

Si du hameau de Saint-Etienne on se dirige vers la voie ferrée, on rencontre le chemin de Saint-Philippe qui va aboutir à la rue de France. Le quartier Saint-Philippe est peuplé aussi de jolies villas semées çà et là, au milieu des oliviers, par le caprice de leurs propriétaires.

La rue de France nous conduira au pont de Magnan. Là, si nous remontons la rive gauche du torrent, nous arriverons bientôt à l'église de la Madeleine.

Cette promenade le long du vallon de Magnan est une des plus agréables à faire, surtout en automne et au printemps. Négrin, l'auteur des

---

## Monte-Carlo. — Monaco.
# Hôtel de Russie
(Voir aux annonces.)

*Promenades de Nice,* déclare que l'on traverse un vrai paysage de Normandie. Nous n'irons pas jusque là, d'autant que les délicieuses petites vallées que le promeneur rencontrera, ne lui rappelleront guère le Bocage.

Nous devons dire pourtant que c'est au vallon de Magnan que songeait avec regret, durant les froides soirées de Saint-Pétersbourg, François de Maistre, fils du fameux philosophe et ancien gouverneur du comté de Nice.

Lorsque vous serez arrivé à la petite chapelle de Notre-Dame-de-Bon-Conseil que vous rencontrerez à votre droite, vous verrez s'ouvrir sur la rive opposée du torrent, le vallon de Ventabren. Vous pourrez vous engager dans ce charmant petit défilé qui se rétrécit toujours davantage à mesure que l'on avance et aboutit à une salle ronde de 7 à 8 mètres de diamètre et de 35 mètres d'élévation qui a pour plafond le ciel. C'est le trou des Etoiles, d'où l'on ne peut sortir qu'en revenant sur ses pas.

A l'Ouest de l'église de la Madeleine, le vallon

---

GRASSE

GRAND HOTEL MURAOUR
ET DE LA POSTE

(Voir aux annonces.)

remonte jusqu'au pied du mont Chauve. Un peu plus loin que l'église, il se relie au vallon des Treilles.

La route qui continue le long du vallon de Magnan aboutit à un large sentier ; elle conduit au village de Colomas.

A l'Est de l'église de la Madeleine s'ouvre le vallon de la *Madeleine ;* il ne faut pas le confondre avec celui de Magnan qui longe la route. En le suivant durant vingt minutes environ, on arrive, par un petit chemin, à la chapelle de Saint-Pierre.

Négrin fait venir le nom de Magnan de *magnano* (serrurier) à cause d'un hameau qui existait autrefois sur la rive du torrent et où habitaient, paraît-il, les serruriers. Nous ne sommes point de l'avis de Négrin, et nous croyons qu'à cause des nombreux mûriers qui se trouvaient autrefois dans ce vallon, la population s'adonnait beaucoup à l'élevage des vers à soie. Le vers à soie s'appelle en nissard *magnan.*

Cette dernière étymologie est plus exacte, c'est

---

NICE
**LA HALLE DU COURS**
VINCENT LIBERGIER
Propriétaire-Directeur.
Spécialité de Jambons anglais York-Cut
(Voir aux annonces.)

d'ailleurs ainsi que les riverains du torrent expliquent la dénomination on donnée à leur quartier.

Si, au lieu de nous engager dans le vallon de Magnan, nous suivons la route du Var qui est sur le prolongement de la rue de France, nous atteignons le hameau de Sainte-Hélène qui domine la colline de Fabron et la splendide villa des Palmiers, propriété de M. Gambart, consul d'Espagne.

La route du Var passe à côté du quartier de Caucade où se trouve un vaste cimetière. C'est, après celui du Château et celui de Cimiez, le cimetière le plus *à la mode*.

Après l'église de Sainte-Hélène, le quartier prend le nom de Carras (*kara*, en arabe signifie noir, peut-être à cause des oliviers, comme Carabacel).

Parmi les plus belles villas de Carras, citons, après l'ancienne villa Gastaud, la villa Girard et l'ancienne villa de M$^{me}$ Ackermann, une femme poète dont les œuvres sont très goûtées dans le monde des lettres.

Au delà de Sainte-Hélène, la route continue et conduit au bois et à l'hippodrome du Var. Le bois du Var se trouve sur la route de Nice à Puget-Théniers; le champ de Courses est sur la route de Nice à Marseille. Pour se rendre au bois du Var, il faut passer sous le pont du chemin de fer qui traverse la route.

Le quartier appelé le Var a un faux air de Normandie ; ce sont, de chaque côté de la route plantée d'arbres, de vastes prairies, des jardins potagers admirablement cultivés. Le sol est en effet très fertile. Cés terrains étaient occupés autrefois par des marais.

Le jardin du bois du Var était exploité jadis par une Société dont le but était de concourir au progrès des diverses branches de l'agriculture et de l'acclimatation. Ce jardin, admirablement entretenu offrait sur une étendue de 14 hectares, des parcs, de frais ombrages, des cours d'eau, de vertes pelouses, des allées carrossables, des parterres où les fleurs les plus diverses mêlaient leurs couleurs chatoyantes.

Il n'appellait pas seulement les hommes d'étude qui y trouvaient matière à satisfaire leur curiosité, mais aussi les oisifs, les gens du monde pour lesquels il était un but de promenade des plus agréables. Il est aujourd'hui délaissé par ses propriétaires, les éritiers de M$^{me}$ Blanc de Monaco.

* * *

Indépendamment des excursions que l'on peut faire sur la route de l'endiguement du Var et sur celle de Marseille, il faut citer différents villages qui se trouvent de ces côtés et où l'on pourra se rendre, en voiture, dans l'espace de deux ou trois heures.

A 14 kilomètres, sur la route de Nice à Marseille,

se trouve Cagnes. On peut s'y rendre en chemin de fer.

Ce village est bâti en amphithéâtre sur un riant mamelon. On y voit le monastère de Saint-Véran et l'église de Notre-Dame-la-Dorée, dotée par Charlemagne. L'ancien château seigneurial, dont nous avons parlé à propos des fresques du palais Lascaris, mérite d'être visité.

Trois kilomètres après Cagnes, se trouve Villeneuve-Loubet où l'on peut voir la tour du château qui défendait la Ville et appartient aujourd'hui à M. le marquis de Panisse-Passy. Cette tour passait autrefois pour une des merveilles de la Provence.

L'église est très gracieuse; elle contient les tombeaux de la famille de Panisse-Passy.

C'est dans cette commune qu'est né le savant Arnaud de Villeneuve.

Les environs du village sont très fertiles. Une charmante rivière, le Loup, arrose la campagne. Au printemps, les bords du Loup sont d'un effet pittoresque, charmants, car les rives de ce cours d'eau sont plantées d'arbres élevés qui forment le plus jolis sous-bois que l'on puisse imaginer.

A vingt-deux kilomètres de Nice, est un village qui offre un très grand intérêt à cause de ses ruines. Vence, chef-lieu de canton, ancienne capitale des Nérusiens était autrefois le siège d'un évêché fondé au vi[e] siècle. Elle possède deux temples où l'on adorait Cybèle et Mars, ainsi que l'indiquent diverses inscriptions récemment découvertes. L'église mérite d'être visitée ; elle est construite sur un temple païen.

La vieille ville possède encore ses murailles, ses tours et ses portes. On voit, au Nord, les ruines d'un château qui fut habité par les Templiers.

Le nouveau quartier est très agréable. Le climat de cette ville est très sain.

## CHAPITRE VIII

Le mont Boron. — Le mont Alban. — Villefranche. — Le cap Ferrat. — Saint-Jean. — Saint-Hospice. — Beaulieu. — De Nice à Monaco.

On se rend au mont Boron par l'ancienne ou la nouvelle route de Villefranche qui partent de la place Cassini.

La plus commode de ces deux routes est la nouvelle qui suit la mer tout le long du littoral. Cette route a remplacé celle qui conduisait à Gênes et que l'on nommait la *Corniche*. Nous aurons l'occasion de parler plus tard de cette dernière.

La nouvelle route de Villefranche gravit le mont Boron en le contournant. De magnifiques villas se sont élevées de chaque côté de cette artère. Notons au passage les villas Gilly, Victorien Sardou, Astraudo, Frémy, Haussmann, Saint-Aignan, Cabasse, Schmith (château de l'Anglais) ; plus loin la villa Chauvain, — plus connue sous le nom de *Folie Chauvain*.

---

**POTERIE ARTISTIQUE DE MONACO**

## LOUIS CAVALLERO

Dépôt à MONTE-CARLO, au Bas-Moulin.
Leçons de Modelage.

On montera au bois du mont Boron par la route que l'on rencontrera à droite, entre les bureaux de l'octroi et la coquette fabrique de poteries artistiques de M. Boutet.

On ne manquera pas de visiter ce bel établissement, où, avec la terre du mont Boron, M. Boutet est arrivé à faire des poteries qui luttent avantageusement contre celles tant renommées de Vallauris. Nous tenons à féliciter ici M. Boutet de son entreprise. Faire de Nice une ville industrielle et la doter d'une industrie artistique, c'est mériter beaucoup de la population niçoise et de la colonie étrangère.

Le mont Alban se dresse à côté du mont Boron. Sur le mont Alban s'élevait, au $x^e$ siècle, une forteresse qui a fait place au fort; — actuellement déclassé, — que l'on apercevra.

On peut, en voiture, parcourir tout le bois du mont Boron en une heure. Cette promenade, au milieu des sapins, à une hauteur presque à pic de 290 mètres au-dessus du niveau de la mer, est une des plus charmantes que l'on puisse faire.

Monte-Carlo-Monaco

# HOTEL DE RUSSIE

(*Voir aux annonces.*)

Villefranche est située entre la mer et le mont Soléia. Elle est construite en amphithéâtre et ses rues ne sont que des escaliers. La rade qui se déploie à ses pieds est la plus belle de la Méditerranée.

Il faut voir Villefranche au moment où l'escadre française mouille dans ses eaux. On peut alors prendre une barque, et après avoir visité les cuirassés, gagner le promontoire sur lequel se trouvent les villages de Saint-Jean et de Saint-Hospice.

Ce promontoire porte le nom de cap Ferrat. On y remarquera la propriété de M. Pollonnais et le grand bassin de la Compagnie des Eaux.

On pourra, en continuant la promenade jusqu'au bout du cap, aller visiter le sémaphore et le phare de Villefranche.

Des batteries d'artillerie placées sur le cap Ferrat défendent l'entrée de la rade.

Le village de Saint-Jean est renommé pour les bouillabaisses que l'on y mange.

Saint-Hospice, ou *San Souspir*, comme disent les marins, rendu célèbre par le séjour d'un saint ermite, rappelle l'invasion des Sarrasins et les guerres du xvᵉ siècle.

Le village de Beaulieu, qui se trouve à l'Est de la presqu'île de Saint-Jean, est semé tout le long de la mer de villas délicieuses et de joyeux *cabanons*, où l'on se donne rendez-vous, le dimanche, pour aller manger sur le pouce la bouillabaisse ou quelque autre plat confectionné avec des poissons fraîchement péchés, que ne dédaigne jamais un homme d'esprit, puisque, d'après Brillat-Savarin, l'homme d'esprit seul sait manger.

La route qui traverse Beaulieu suit la côte jusqu'à Gênes ; elle rencontre donc Monaco, Monte-Carlo et Menton.

Le trajet de Nice à Monaco, avec le grand break de chasse qui part, deux ou trois fois par jour à heures fixes, des bureaux de la Société générale des Voitures, boulevard du Pont-Neuf, est une promenade charmante, pendant l'hiver, surtout si l'on a soin de partir vers dix heures du matin.

Le bon soleil de Nice vous accompagne jusqu'à Monaco, tandis qu'au-dessous de vous, tout le long de la route, au pied des rochers moussus, la mer scintille, aveuglante à voir.

C'est une excursion que nous recommandons.

# CHAPITRE IX

Saint-Barthélemy. — Le vallon Obscur. — Le vallon des Hépatiques. — Les fontaines : du Temple, Sainte, et de Mourailles. — La cascade de Gairaut. — Les eaux de la Vésubie.

Quand on suit l'avenue de la Gare qui se prolonge au delà du pont du chemin de fer, on trouve, après le rond-point, une route qui s'ouvre à gauche et conduit à Saint-Barthélemy. C'est sur cette route qu'est situé le dépôt de la Compagnie des tramways ; l'étranger la reconnaîtra donc facilement.

Une demi-heure suffit pour se rendre à Saint-Barthélemy.

L'église de ce hameau appartenait autrefois aux Bénédictins. Les moines qui la desservaient alors étaient les vassaux des abbés de Saint-Pons. Les Turcs, qui campèrent, en 1543, dans les environs de l'église, la démolirent. On la reconstruisit en 1555 et l'évêque Lambert y plaça des capucins ; ceux-ci élevèrent le couvent actuel.

Les peintures que l'on verra dans le chœur de l'église sont, dit-on, de Bréa. On attribue tout à ce peintre niçois, ici. Nous ne chicanerons point.

Le but principal d'une promenade à Saint-Barthélemy ne sera ni le couvent ni l'église, qui n'offre rien de bien intéressant, mais bien le vallon Obscur, auquel on ne manquera pas de faire une visite.

De Saint-Barthélemy au vallon Obscur, la route n'est pas longue ; pour peu qu'on soit marcheur, on la parcourra vite à pied. Le site, des plus pittoresques, dédommagera d'ailleurs le touriste de ses fatigues.

On fera, de préférence, cette promenade à l'époque où les pluies ne sont pas abondantes ; les eaux du vallon n'entraveront pas l'excursion, comme cela pourrait fort bien arriver à une autre époque.

Le vallon Obscur, appelé aussi vallon des Etoiles, est un corridor long, étroit, sinueux, d'un kilomètre environ, creusé à pic par quelque mouvement géologique dans un terrain tertiaire. Il a une hauteur de cent mètres. Le jour n'y arrive qu'affaibli, tamisé par les fines dentelles des capillaires (cheveux de Vénus) et des fougères, et par le feuillage des arbres suspendus tout en haut, au bord de l'abîme.

A mesure que l'on avance, le vallon devient de plus en plus humide, des gouttelettes d'eau tombent en pluie d'argent des racines et des ronces accrochées aux parois ; on longe un filet d'eau qui s'écoule à vos côtés, limpide, sur un lit tout capitonné de mousse.

Les villas Arson et de Cessoles se trouvent dans ce quartier ; ce sont deux domaines que le touriste devra visiter. La villa du chevalier de Cessoles est entourée de palmiers et d'orangers ; son exposition est des plus agréables.

L'extrémité nord du torrent est à peu près obstruée par des amas de cailloux roulés ; le promeneur ne pourra donc le parcourir dans toute son étendue sans inconvénients. Il fera bien d'ailleurs de s'en abstenir, un trop long séjour en cet endroit n'est pas prudent.

L'air ambiant qui s'y engouffre du nord au midi, est beaucoup plus frais et surtout beaucoup plus humide que celui qu'on respire au dehors. Cette différence de température produit, dans le ravin, un courant d'air presque continuel très dangereux pour les santés délicates, même pendant la belle saison. Par précaution, se munir de plaids ou autres vêtements faciles à mettre et à retirer.

*\* \**

Si, au lieu de s'engager sur la route de Saint-Barthélemy, on avait suivi l'avenue de la Gare prolongée jusqu'à la splendide villa de Chambrun, devant laquelle s'arrête la ligne des tramways, e si l'on avait pris le chemin qui monte à droite, le long des jardins de cette villa, on serait arrivé au vallon des Hépatiques, — plus connu sous le nom de vallon des Fleurs. Pour y parvenir, on chemine, au printemps, entre deux bordures d'œillets sauvages, d'églantines et de paquerettes qui font, avec mille autres bijoux champêtres, le bariolage le plus charmant, le plus capricieux qu'on puisse rêver.

Au bout de dix minutes de marche, sous le feuillage gris-cendre des oliviers, on aperçoit, à gauche, au pied d'un monticule de pins qui surplombe la route, une grotte (*baùma*); faisant face à cette grotte, grimpe, à droite, un sentier qui mène au vallon des Hépatiques.

C'est en mars que l'on fera cette délicieuse promenade. A cette époque de l'année, le renouveau a tapissé d'anémones bleues, roses et blanches le sol du vallon, et l'on marche longtemps ainsi, dans cette gorge étroite, sur un tapis de fleurs, au milieu d'une fraîcheur printanière et joyeuse qu'exhale la campagne rajeunie et tout en fête.

\*\*\*

Un peu avant d'arriver à la villa Châteauneuf, on rencontre la fontaine de Mouraille, et plus loin, la fontaine du Temple, puis la Fontaine-Sainte (*Fuont Santa*) qui rafraîchissent et arrosent une partie de la plaine, située au pied de la colline de Gairaut, une des assises du mont Chauve.

On peut arriver aux trois fontaines soit par le chemin de Saint-Barthélemy, soit par celui du

Ray qui se rencontrent l'un et l'autre pour former la route d'Aspremont.

Les eaux de la fontaine du Temple sont très abondantes ; elles coulent au fond d'une petite vallée mélange harmonieux d'ombre, de fraîcheur et de silence. Elles sortent d'une voûte en pierre de taille qu'on croit être de construction romaine, et sont amenées de la Vésubie au moyen d'un aqueduc souterrain pratiqué à travers les montagnes.

La vraisemblance veut que le nom donné à cette fontaine vienne du temple que les prêtres-soldats exterminés par Philippe-le-Bel, de complicité avec Clément V, possédaient en cet endroit, comme succursale du temple de la rue Seleya (ancienne rue de la Préfecture, à Nice).

La fontaine Sainte, qui déverse ses eaux dans le même vallon que celle de Mouraille, reste, malgré les pluies abondantes, des années entières sans donner signe d'existence, tandis que d'autres fois on la voit jaillir au milieu d'une sécheresse générale. Aussi la superstition attache-t-elle de singuliers pronostics à l'apparition de cette source *miraculeuse*. Son apparition en temps de sécheresse est un signe de malheur, comme son sommeil en temps de pluie est un présage de félicité et d'abondance. La vérité est que la fontaine Sainte est une de ces fontaines intermittentes telles que nous les décrivent les livres de physique.

Au temps de la domination romaine, les eaux des fontaines du Temple et de Mouraille étaient conduites à Cimiez au moyen d'un canal qui passait à la base de la colline de Rimiez. On a trouvé de nombreux vestiges de ce conduit.

*\*\**

En continuant à gravir la route qui passe devant les fontaines dont nous venons de parler, on arrive à Gairaut, des hauteurs duquel un spectacle ravissant frappe les yeux de l'excursionniste. Plus il monte, plus le panorama qui s'étale à ses pieds change et se développe. De là, il embrasse tout le riant bassin de Nice, avec ses magnifiques coteaux, sillonnés de ravins, qui le font ressembler à une mer de verdure, tandis qu'à l'Ouest, à l'Est, au Nord surtout, la vue se promène sur un entassement de montagnes, aux sommets neigeux ou couverts d'épaisses forêts. Ce sont les Alpes naissantes.

C'est à Gairaut, au-dessous de l'église, que la Compagnie générale des Eaux a construit un de ses principaux réservoirs. Ce bassin, assez vaste et entouré d'un joli jardin, est alimenté par une cascade fournie par la Vésubie. Le chalet d'habitation du garde offre aux promeneurs une hospitalité qui, sans être écossaise, n'en est pas moins très agréable.

Ce bassin est pour ainsi dire l'embouchure urbaine du canal de la Vésubie. Ce canal prend sa source sur la rive droite du torrent, un peu au-dessous du hameau de Saint-Jean-la-Rivière. Il traverse successivement les communes d'Utelle, de Duranus, de Levens, de la Roquette-du-Var, de Saint-Blaise, de Castagniers, d'Aspremont, de Collomas et arrive à Nice par Gairaut, après avoir parcouru une étendue de 80 kilomètres, au moyen d'aqueducs, de syphons en tunnels, en demi-berceaux ou à ciel ouvert, enfin de ponts-canaux dont plusieurs sont des travaux d'une hardiesse et d'une exécution remarquables.

On fera bien de visiter ces œuvres d'art qui sont le dernier mot de la construction hydraulique et qui donneront au visiteur l'occasion d'admirer une série de paysages d'un merveilleux contraste.

## CHAPITRE X

Saint-Roch. — Le mont Gros. — L'Observatoire Bischoffsheim.

L'Observatoire du mont Gros, que l'on aperçoit de tous les points de la ville, est pour les touristes et les curieux un but de promenade qui offre les plus grands attraits. La position et la splendide construction des édifices, ainsi que la puissance des instruments qui s'y trouvent, font que cet Observatoire, dont M. R. Bischoffsheim, ancien député du département, a doté la ville de Nice, est le plus beau et le plus vaste d'Europe.

Pour se rendre à l'Observatoire, il ne faut pas plus d'une heure et demie. On y mettra donc une heure en voiture. On s'y rend par la route de la Corniche que nous avons déjà suivie pour aller à Eze et à la Turbie. Cette route traverse le riche quartier de Saint-Roch, où l'on pourrait voir, en passant, de magnifiques plantations d'orangers, si les propriétaires méfiants n'avaient pas pris soin d'entourer leurs domaines de murailles élevées, qui empêchent les promeneurs de jeter le plus petit coup d'œil sur ces merveilleux jardins. Le quartier de Saint-Roch est sillonné de chemins, mais tous s'allongent entre deux murs impitoyablement parallèles. On remarquera dans ce quartier, à l'endroit où la route de Gênes commence à gravir la montagne, la belle villa Sorgentino ; c'est là que se retira, quelque temps avant sa mort, le regretté Mgr Sola et où il mourut. Le propriétaire de la villa avait charitablement mis le jardin et la maison à la disposition du pauvre et vieux prélat.

Le chemin qui conduit à l'Observatoire s'ouvre sur la route de Gênes, à l'endroit où s'élève un grand mât destiné à supporter un drapeau.

Une superbe grille défend l'entrée au public. On peut cependant, en donnant sa carte au concierge, entrer dans le vaste domaine de trente-cinq hectares qui dépend de l'Observatoire. La voiture suivra la route qu'indique un poteau sur lequel se trouve écrit le mot : *Administration* ; elle conduit aux habitations du personnel attaché à l'Observatoire.

Dans un des pavillons demeure M. Perrotin ; le sympathique directeur n'est point un astronome chevelu comme une comète, c'est tout simplement un savant bon garçon auprès duquel on est toujours sûr de rencontrer un accueil bienveillant et un empressement des plus aimables.

Les habitations du personnel se composent de deux beaux pavillons séparés par une vaste salle de bibliothèque, construite avec beaucoup de goût et surtout bien pratique : deux qualités qui prouvent que M. Charles Garnier a passé par là. Attenant à la bibliothèque se trouve le télégraphe qui communique avec le bureau central de Nice ; à côté est le téléphone au moyen duquel tous les jours on donne à la mairie l'heure exacte.

Des terrasses qui s'élèvent devant les deux pavillons, la vue est splendide. L'œil embrasse le panorama le plus beau que l'on puisse rêver : à l'horizon, la mer et la chaîne de l'Estérel qui bornent le bassin de Nice ; au Nord, se dressent sur le ciel bleu les Alpes ruisselantes de lumière et couronnées de villages baignés de soleil.

Les édifices composant l'Observatoire sont construits le long de la crête du mont Gros qui va dans la direction du Nord au Sud. Le premier pavillon, au Nord, est destiné aux observations magnétiques et météorologiques. Dans le second édifice, est le Grand Equatorial.

Cette superbe bâtisse carrée, de vingt-six mètres de façade, est toute en pierre de la Turbie. Elle est surmontée d'une coupole en fer du poids de 160 tonnes qui flotte sur un bassin circulaire elle peut se mouvoir de façon à ce que l'ouverture destinée à laisser passer le télescope puisse être portée en face de l'astre que l'on veut étudier, de telle sorte que le plus petit coin du ciel ne saurait échapper à l'œil de l'observateur. C'est la première coupole flottante qui ait été construite jusqu'ici. La porte du pavillon, décorée d'un génie supportant le flambeau de la science, est surmontée de l'inscription suivante :

HANC MOLEM ASTRORVM SCIENTIÆ PROMO-
VENDÆ CAVSA SVMPTV SVO ARTE CAROLI GARNIER
EXSTRUXIT RAPHAEL BISCHOFFSHEIM

Au-dessous de ces lignes on lit la date 1880, année où furent commencés les travaux.

Ce pavillon d'observation, rond à l'intérieur, est le plus vaste du monde. Au milieu s'élève un pilier isolé du reste de la construction, lequel supporte le télescope appelé « Grand Equatorial ».

Cet instrument, aux proportions gigantesques, a été construit par la maison Gautier de Paris ; il mesure dix-huit mètres de long : c'est le plus grand de l'univers. La fonte de la lentille, qui a soixante-dix-sept centimètres de diamètre, a été confiée à MM. Henry et Feil ; elle a coûté la bagatelle de cent mille francs ! La coupole en a coûté autant et a été construite par M. l'ingénieur, Eiffel,

## CHARLES JOUGLA
Agent spécial pour location des villas et des appartements
à Nice et à Monte-Carlo.
Bureau du *Journal des Etrangers*.
NICE — 55, RUE GIOFFREDO, 55 — NICE

l'inventeur de la fameuse tour qui se dressera au milieu de l'Exposition Universelle de 1889.

Un enfant pourrait faire mouvoir dans n'importe quel sens la coupole et le Grand Equatorial, sans la moindre fatigue.

Le troisième pavillon c'est la Grande Méridienne où l'on placera bientôt un instrument qu'est en train de construire M. Brunner.

La Petite Méridienne vient ensuite. Ce pavillon est à toiture mobile et renferme un télescope sortant de la maison Gautier.

Le Petit Equatorial se trouve après la Petite Méridienne. Ce pavillon contient un instrument à peu près semblable à celui qui est placé dans le pavillon du Grand Equatorial. Ce télescope mesure sept mètres de long, il a les mêmes dimensions que celui de Paris ; ce dernier est peut-être un peu plus puissant, mais on ne doit pas oublier qu'à Paris cet instrument est le plus grand télescope de l'Observatoire. A Nice, le plus grand équatorial mesure, comme on l'a vu, dix-huit mètres !

La coupole du Petit Equatorial n'est pas flottante,

## M. CHABRIER'S HOUSE
### EXCELSIOR TAILOR

ARTICLES EXCLUSIFS

NICE — 24, Avenue de la Gare, 24 — NICE

comme celle du deuxième pavillon que nous avons visité, elle repose sur des roues en fonte qui roulent le long de rails circulaires.

Le pavillon spectroscopique et le laboratoire de chimie et de physique viennent ensuite.

Tel est le magnifique Observatoire que M. Raphaël Bischoffsheim a fait élever à ses frais et qui lui coûtera, lorsqu'il sera entièrement fini — c'est-à-dire vers la fin de l'hiver 1886-1887, — la modeste somme d'un million. M. R. Bischoffsheim, en même temps qu'il a donné à Nice un bel élan vers l'étude des sciences, a immortalisé son nom en créant un semblable établissement destiné à activer les progrès de l'astronomie. Les Niçois devraient lui en savoir gré.

# CHAPITRE XI

Le mont Leuze. — Eze. — La Turbie. — Le mont Chauve. — La grotte des « ratapignata ». — Falicon et Aspremont.

En suivant la route de la Corniche on rencontre, au carrefour des Quatre-Chemins, deux auberges qui se font vis-à-vis. Une de ces auberges s'intitule *Au Rendez-vous des chasseurs* ; sur les murs de l'autre on voit une fresque récente représentant Masséna, l'*enfant chéri de la victoire.*

A l'ouest de cette dernière auberge s'ouvre l'ancienne route de Gênes qui conduit en trois quarts d'heure à une sorte de gorge formée par deux pics. On grimpe alors à droite pendant quinze minutes et on atteint la *Panacaglia*, le point culminant du mont Leuze (527 m.).

Ces montagnes étaient autrefois couvertes de chênes, en patois *leùse*, d'où vient le nom de mont Leuze.

Cette promenade, peu fatigante, fait les délices des excursionnistes et des botanistes, qui y trouvent quantité de plantes pour leur herbier.

Pour aller à Eze, petit village situé entre Beaulieu et Monaco, prenez la route de la Corniche qui vous conduira tout droit au-dessus du village où vous n'aurez plus qu'à descendre. On peut aussi s'y rendre par la route qui suit le littoral et qu'on prend pour aller à Monaco. Cette dernière route passe au pied du pic au sommet duquel s'élève le village. Il est donc préférable d'aller à Eze par la route de la Corniche.

La splendide vue qu'on a du haut de cette route, dont la réputation est européenne, dédommagera le touriste de ses fatigues.

Eze, qui fut visitée par Isis, est restée longtemps fidèle au culte de cette déesse. Son nom lui vient-il d'*Isia* (Isis) ou de *Visia* (observatoire maritime), nom que lui donna Antonin?

L'église d'Eze renfermait deux tableaux de David, une *Descente de Croix*, et un *Saint-Jean*. Ces peintures à la colle, sous l'action de l'air marin et surtout sous celle du balai de M. le sacristain, se sont détériorées, puis anéanties. Quant à la tête de saint Jean, un beau matin elle disparut, découpée par un amateur...

Au sommet du village, on voit les ruines d'un manoir et un souterrain.

Eze est à 12 kilomètres de Nice.

La Turbie, qui se trouve à 6 kilomètres plus loin, toujours sur la route de la Corniche, est située entre le mont Agel et la Tête-de-Chien ; cette dernière montagne est couronnée d'un fort nouvellement construit.

On voit à la Turbie une vieille tour à moitié démolie, qui fut élevée pour éterniser le souvenir des victoires d'Auguste sur les peuplades des Alpes-Maritimes. Ce monument présentait sur sa façade une longue inscription que Pline a rapportée.

Le maréchal de Villars (1705) a détruit à peu près cette tour qui était devenu un poste de défense contre les Bourguignons et les Sarrasins, et que ces derniers changèrent en *fraxinet*.

Au-dessous de la Turbie s'étend Monte-Carlo avec ses merveilleux jardins et son Casino.

L'église de Saint-Michel, à la Turbie, est faite avec les marbres de la Tour.

C'est à la Turbie qu'est né l'empereur romain Pertinax (126-193).

Non loin de là est le sanctuaire de Laghet qui n'offre rien de remarquable, si ce n'est les nombreux et naïfs ex-voto qui couvrent les murs des galeries intérieures. C'est un pèlerinage fort en vogue dans le département.

\*\*\*

Le mont Chauve domine tout le bassin de Nice ; le panorama qu'on y découvre est des plus vastes ; au Midi, par delà la Méditerranée, les montagnes de la Corse ; à l'Est, la tour d'Auguste, Monte-Carlo et Monaco ; à l'Ouest, par un temps clair, l'œil embrasse tout le littoral qui s'étend depuis le promontoire de Saint-Tropez.

On arrive au mont Chauve par la montée de Cimiez et la route de Rimiez. Un chemin récent, construit par le génie militaire, gravit les flancs de la montagne dont la hauteur est de 867 mètres.

C'est pendant la nuit qu'on devra, de préférence, se rendre au mont Chauve afin d'assister au lever du soleil.

Il faut environ quatre heures de Nice au sommet du mont.

Près du village de Falicon, dans le quartier de la Bastide, se trouve la grotte *de li ratapignata* (des chauves-souris).

Cette grotte plonge dans le roc en ligne presque perpendiculaire. La forme de ce puits est une ellipse qui mesure quinze mètres dans sa plus petite largeur et vingt-deux dans sa plus grande. La profondeur de la grotte est de quinze mètres, on y descend avec des échelles que les habitants de Falicon s'empressent de mettre, moyennent la pièce, à la disposition des touristes.

Deux autres grottes font suite à la première. Un Anglais a seul pénétré, à l'aide de cordes, dans ces dernières. Qui tentera de nouveau l'aventure ?

Le village de Falicon est situé au pied du mont Chauve ; on y remarque un ancien mur d'enceinte qui témoigne de l'importance que ce village eut jadis.

Sur le versant septentrional de la montagne dominant la vallée du Var, est placé le village d'Aspremont.

# TROISIÈME PARTIE

Nice ville commerciale et industrielle. — Les huiles d'olive. — Les bois de Nice. — La confiserie. — Commerce des fleurs. — Industries diverses.

Nice n'est pas une ville de commerce. Le deviendra-t-elle jamais ? Rien jusqu'ici ne le fait prévoir. Il se peut cependant que le siècle prochain voie surgir, du milieu de ces jardins splendides qui font l'admiration de nos hôtes d'hiver, de hautes cheminées d'usines aux noirs panaches de fumée. Le caractère des peuples se transforme bien vite avec les besoins nouveaux qui se font sentir chaque jour. Il suffirait peut-être pour occasionner la transformation de cette ville de saison en cité industrielle, d'une seconde ligne de chemin de fer ou d'un port plus vaste établissant des relations nouvelles. Mais qui vivra verra. Pour l'instant, que Nice se contente, — puisqu'elle y trouve son bénéfice — de vendre quelque temps encore du soleil et du ciel bleu. Quelle industrie, en effet, pourrait compenser les bénéfices que lui procure l'exploitation de son climat ?

Du jour où notre ville deviendrait un centre

industriel, où ses rues s'empliraient du brouhaha des charrettes, du tohu-bohu des fabriques et des chantiers, il est évident qu'elle verrait les étrangers déserter ses promenades et ses villas.

Nous ne voulons point dire, néanmoins, que les Niçois doivent à jamais renoncer à tout négoce et s'empresser de combler le port que l'on est en train de leur creuser. Que non. Il n'y aurait aucun inconvénient à ce que Nice étendit ses relations commerciales ; et nous verrions même avec plaisir se créer ici des industries peu tapageuses, reléguées dans des quartiers spéciaux, qui, par la vente de leurs produits, enrichiraient la ville et feraient en même temps une publicité efficace en faveur de notre station hivernale.

De nos jours, l'industrie qui donne le plus de développement au commerce niçois, est sans contredit celle des

*Huiles d'olive.*

Le commerce des huiles a été pendant longtemps alimenté par les produits du pays ; les négociants

---

## MONACO (MONTE-CARLO)
### ACHAT & VENTE DE BIJOUX ET DIAMANTS
### ERNEST CIOCCO
GALERIE, Avenue des Spelugues, à deux pas du Casino.
(Voir aux annonces.)

étaient de simples commissionnaires achetant pour le compte des grandes maisons des principales places de l'Europe. Les capitaux engagés étaient relativement de peu d'importance ; l'huile était le plus souvent emmagasinée, à l'époque de la récolte, par une foule de petits spéculateurs qui attendaient les demandes des négociants-commissionnaires pour réaliser quelques bénéfices. Il résultait nécessairement de cette pratique que les prix étaient peu rémunérateurs pour les propriétaires.

Plus tard, les capitaux affluant, les négociants commencèrent à acheter pour leur propre compte et aujourd'hui presque toute la récolte passe directement dans les mains du commerce, en sortant du moulin, au grand avantage du producteur.

D'un autre côté, les demandes du dehors ayant augmenté, les huiles de presque tout le bassin de la Méditerranée arrivèrent à Nice, grâce à la facilité des communications, soit par mer, soit par terre, et notre ville centralisa presque toutes les affaires.

Par suite de ces changements qui remontent à

---

## AGENCE ROUSTAN
Avenue de la Costa, à MONTE-CARLO
LOCATION DE VILLAS ET D'APPARTEMENTS
ACHAT ET VENTE DE PROPRIÉTÉS
RENSEIGNEMENTS GRATUITS

une quinzaine d'années, les négociants ont renoncé à travailler pour le compte des grandes maisons intermédiaires et se sont adressés directement aux consommateurs. Aussi les frais généraux ont-ils augmenté sur une grande échelle et toutes les industries qui se rattachent à ce commerce, comme la tonnellerie, la ferblanterie, le camionnage, la marine, etc., en ont éprouvé un bénéfice considérable.

Il nous aurait été facile, en recourant à l'obligeance de M. le directeur des Douanes et de M. le chef de Gare, de prouver par des chiffres l'importance actuelle des transactions ; nous avons pensé qu'il suffirait au lecteur de savoir que le rendement du commerce des huiles est à peu près égal au bénéfice que notre ville retire du séjour des étrangers : 30,000,000 de francs environ.

Le prix des huiles est naturellement variable. La meilleure vaut, prix moyen, 2 francs le kilog, ou le litre.

\*
\* \*

On fabriquait autrefois à Nice, avec de petits coquillages d'un blanc nacré, appelés *turbots*, des colliers et des bracelets d'un goût original. Les bibelots importés par les marchands de Vichy et d'Aix-les-Bains, les bijoux de fantaisie que la mode renouvelle tous les ans a tué cette petite fabrication, aujourd'hui exclusivement réservée au golfe de Naples. Il ne nous reste plus que l'industrie des bibelots et des meubles en

### Bois de Nice.

Grâce aux Expositions, tout le monde connaît aujourd'hui cette charmante industrie qui tient une des places les plus honorables parmi les fabrications de luxe.

Le bois d'olivier forme la base des mille petits meubles d'utilité ou de futilité créés par l'imagination inventive des artistes du genre. Les pièces de la mosaïque sont faites en citronnier, en oranger, en caroubier, en jujubier, en noyer, en figuier, en houx, en arbousier, etc., etc. Ces pièces se découpent les unes sur les autres, de façon à ce qu'elles s'emboîtent exactement. Les traits délicats se font à l'encre dans les ouvrages courants et au burin dans les travaux d'un prix élevé.

Il est peu d'étrangers qui, avec des vues photographiques du pays, n'emportent au fond de leur malle un souvenir en bois de Nice : boîte à cartes, à gants, à bijoux, à ouvrage, à thé, vide-poche, albums, éventails, buvard, pupitre, cave à liqueurs, porte-cigares, porte-montre, etc., etc. Ce sont, du reste, avec les fleurs et les fruits confits de Nice, de très jolis cadeaux à offrir à une parente ou à une

8

amie ; je dirai même que ce sont les seuls à emporter d'ici.

Certains mosaïstes combinent les nuances de leurs bois de façon à composer de véritables tableaux. On peut voir des armoiries, des chiffres et des monogrammes sur fond noir qui sont, comme coloris et pureté de dessin, de véritables chefs-d'œuvre. Il faut s'approcher de très près pour se convaincre que ce n'est pas un travail du pinceau.

L'industrie des bois de Nice est due à l'ébéniste Claude Gimello qui, en 1822, ouvrit aux Ponchettes le premier atelier de mosaïque. Aujourd'hui elle fait vivre plus de deux cents ouvriers. Récompensée à toutes les grandes Expositions qui ont eu lieu, depuis cinquante ans en France et à l'étranger, elle témoigne hautement en faveur du goût et du sentiment artistique des Niçois.

Certains ouvrages en bois d'olivier ne valent pas plus de 3 francs ; d'autres atteignent de hauts prix. Lors du passage de Napoléon III, en septembre 1860, Claude Gimello offrit à l'Empereur, par

## GYMNASE SOHIER
**Fondé en 1866**

NICE — 31, BOULEVARD DUBOUCHAGE — NICE

(Voir aux annonces.)

l'entremise du préfet, M. Paulze d'Yvoi, une table qui fut estimée 5,000 francs.

### Confiserie.

Les fruits confits de Nice ont une réputation européenne assez considérable. Les fruits vendus par la plupart des bonbonniers du dehors, voire même par ceux de Paris, ont été préparés dans les laboratoires de notre ville, qui ont aussi la spécialité des fleurs cristallisées (orangers et violettes).

Les confiseurs se chargent des expéditions pour tous les pays, en boîtes de luxe ou en caisses de bois blanc.

Nous croyons utile de donner ici, pour les personnes qui désirent faire elles-mêmes leurs expéditions, le tarif des colis postaux (grande vitesse, franco de port) envoyés aux destinations suivantes. (Le colis postal, on le sait, ne doit pas excéder le poids de 3 kilog.)

---

GRASSE

# GRAND HOTEL MURAOUR
## ET DE LA POSTE

(Voir aux annonces.)

|  | En gare | A domicile |
|---|---|---|
| Amsterdam | 1 60 | 1 60 |
| Berlin | 1 10 | 1 10 |
| Berne | 1 10 | 1 10 |
| Bruxelles | 1 10 | 1 10 |
| Bordeaux | 0 60 | 0 85 |
| Florence | 1 35 | 1 35 |
| Francfort | 1 10 | 1 10 |
| Genève | 1 10 | 1 10 |
| Gênes | 1 35 | 1 35 |
| Havre | 0 60 | 0 85 |
| Lyon | 0 60 | 0 85 |
| Laval | 0 60 | 0 85 |
| Londres | 2 90 | 2 90 |
| Lucerne | 1 10 | 1 10 |
| Marseille | 0 60 | 0 85 |
| Moscou | 8 55 | 8 55 |
| Milan | 1 35 | 1 35 |
| Paris | 0 60 | 0 85 |
| St-Pétersbourg | 9 95 | 9 95 |
| Turin | 1 35 | 1 35 |
| Vienne (Autriche) | 1 60 | 1 60 |

Il faut ajouter à ces prix les droits perçus par la douane.

### Commerce des Fleurs.

La vente sur place et l'expédition des fleurs est aussi une des plus importantes ressources du pays.

C'est Alphonse Karr, dont les bouquets et les écrits ont beaucoup propagé la renommée de Nice et ont puissamment aidé à la prospérité de la ville, qui a créé ce commerce.

« ..... Quand je suis arrivé à Nice, il y a vingt et quelques années, — raconte-t-il dans les *Guêpes* du 13 juin 1875, — Nice, se contentant de sa flore sauvage qui est splendide, n'avait pas d'autres fleurs ; — quand un Niçois avait besoin d'un bouquet, il le commandait à Gênes.

« J'ai amené les fleurs à Nice, et j'y ai fondé et laissé, derrière moi, une industrie qui a fait la fortune de plusieurs, et fait vivre aujourd'hui bien des centaines de personnes. — La vente des fleurs compte aujourd'hui pour un million dans les revenus de la ville ; les violettes, qui passaient pour bien vendues quand les parfumeurs les payaient de 3 à 4 francs le kilo, se vendent l'hiver jusqu'à 80 francs. — Outre les fleurs, j'ai introduit à Nice une grande quantité de légumes qui ont remplacé de mauvaises espèces. »

Et, en effet, ce n'était pas seulement des fleurs, mais aussi des légumes et des fruits qu'Alphonse Karr cultivait et vendait. Ses affaires se chiffraient par 30,000 francs par an ; mais, comme il ne perdait pas moins de 4 à 6,000 francs chaque saison, il fut obligé de céder son magasin de la place du Jardin-Public.

Les fleurs s'expédient en branches ou en bouquets ; les fleurs en branches dans des boîtes oblongues, les bouquets dans des boîtes rondes. On fait passer la queue des bouquets par un trou pratiqué dans le fond de la boîte et, au moyen d'une cheville, ils sont tenus en suspension. Ils arrivent de la sorte en parfait état de fraîcheur. On envoie des fleurs à Paris, à Berlin, à Vienne, à Londres et jusqu'à Saint-Pétersbourg.

Les fleuristes de Nice ont un talent particulier pour assortir les nuances et composer les bouquets de saison. Ils sont arrivés à confectionner des bouquets de 1 mètre 50 à 2 mètres de diamètre.

Ils font aussi des bouquets composés exclusivement de fruits ; mais où ils excellent, c'est dans l'agencement, à la fois coquet et délicat, des bouquets dits « de fleurs des champs ».

Un mot sur la flore de Nice trouve ici sa place :

Sans compter les fleurs qui sont cultivées par la parfumerie, et celles très nombreuses et très variées qui viennent spontanément dans les champs, les prés et les terrains incultes, on trouve, dans le catalogue dressé par M. Roux, l'énumération de trois cents espèces, toutes plantes d'ornement et venant en pleine terre.

Je suis sûr, fait remarquer le docteur Lubanski, que ce chiffre est au-dessous de la vérité.

Il est vrai que l'auteur fait lui-même ses réserves, en disant que son catalogue sera rectifié par un supplément. Les plantes grimpantes, par exemple, n'y figurent que pour une douzaine, et moi, qui ne suis pas un fort jardinier, je crois en connaître davantage. Du reste, n'importe le nombre et l'incalculable variété, ce qu'il y a de plus à remarquer, c'est que toutes ces plantes, qu'on voit là en plein air, quelques rares et délicates qu'elles soient, y végètent avec une vigueur dont les serres ne peuvent pas donner l'idée. Ainsi, notre ami Alphonse Karr, si longtemps le patron des jardiniers de Nice, qui a vécu au milieu de ces fleurs pendant une quinzaine d'années, n'a pas eu le temps de se blaser, et, aujourd'hui, comme au début, il en parle avec la même admiration :

« De hautes murailles, dit-il, sont fréquemment tapissées de géraniums de plusieurs variétés, dont on fait également des tonnelles. J'ai, dans mon jardin, un *tasconia-mollissima* dont les guirlandes de fleurs roses retombent du haut d'un olivier de vingt mètres, dans lequel il lui a plu de grimper. Les giroflées, qui passent l'hiver en pleine terre, vivent ici cinq ou six ans et deviennent énormes ; j'en ai vu s'élever à plus de cinq pieds. Toute la tribu variée de rosiers des Indes (rosiers-thé) y prend également des proportions inusitées, et y fleurit pendant six mois de l'année, pour le moins. J'ai des roses chromatella, gloire de Dijon ; Lamarque, gloire des rosomanes, etc., qui dépassent la hauteur d'un premier étage, et s'élancent d'un arbre à l'autre. Ajoutez encore que les fleurs en sont beaucoup plus grandes et d'un coloris plus intense, à tel degré, que je vois des amateurs me demander le nom de roses qu'ils cultivent chez eux depuis dix ans. »

Et de toute cette féerie de la floraison, savez-vous quand la terre en est le plus parée ? De novembre en mai. C'est là *la belle saison* de Nice. Ce n'est pas que ces plantes ne consentiraient pas à recommencer, une seconde et une troisième fois, à refaire leur toilette ; oui, pour sûr, elles sont très femmes à Nice ; mais il faut bien se faire une raison. Or, les Niçois, d'après Karr, ont compris cette raison, eux aussi, et cela de la manière que voici : « Les gens heureux, dit-il, comme les gens spirituels, comme les gens bien portants, ne sentent ni le bonheur, ni l'esprit, ni la santé. Les habitants de Nice voulaient sentir leur bonheur, et pour cela, fallait-il en user avec modération ; il fallait à tout prix se procurer un hiver. Mais où le prendre ? Dans le mois de novembre, décembre, janvier, il y a, dans les jardins, des roses, des œillets, des giroflées ; les orangers sont chargés de fruits ; les citronniers de fruits mûrs et de fleurs.

« Comment faire ? Il faut faire un hiver de l'été. C'était hardi, mais le succès a couronné les efforts. Ils ont réparé le tort qui leur avait été fait par la Providence ; ils ont déclaré n'accepter leur climat que sous bénéfice d'inventaire, et avec l'intention d'y annexer quelques perfectionnements. Ils se sont insurgés contre la partialité de Dieu : ils ont conquis un hiver. Ils ont un hiver comme tout le monde.

« Seulement, comme on ne peut appeler hiver une saison pleine de roses, d'œillets, de jasmins ; comme les mois de novembre, décembre, janvier, février, étaient pris d'avance par une sorte de printemps ; comme mars, avril et mai voient encore des étrangers... auxquels il faut faire des politesses, — ils ont mis l'hiver dans les mois de juin, juillet, août et septembre. Ça ne fait que quatre mois, mais qu'y faire ?

« Aussi, lorsque mai est à ses derniers jours, que les jardins débordent de fleurs, on les coupe, on n'arrose plus, on taille très court les rosiers et les œillets. De l'eau à des fleurs ! Allons donc ! qui sait quand il pleuvra maintenant ! — il arrive parfois qu'un œillet rebelle, qu'un rosier anarchique s'avise de montrer un bouton ; on le supprime en toute hâte. Des fleurs l'été ? pourquoi faire ? Gardez donc vos fleurs pour l'hiver. Est-ce qu'on fleurit l'été ? C'est commun, c'est paysan, c'est presque canaille.

« Vous pouvez être certain que ces plantes n'en gardent pas rancune. Au contraire, dès le mois d'octobre, elles commencent à se dédommager de la mortification qu'on leur a fait subir. Aussi quelle exubérance de floraison durant l'hiver, — le vrai hiver ! — Chaque jour, on en coupe et on en recoupe, il semble qu'il n'en doit plus rester pour le lendemain, et chaque lendemain les jardins sont tout aussi fleuris qu'ils ont été la veille. »

\*\*\*

Indépendamment des industries que nous venons de nommer, Nice possède plusieurs filatures de cocons, des fabriques de chandelles et de bougies, des papeteries, des savonneries, des distilleries dont les essences rivalisent avec celles de Grasse, des moulins à huile et à farine, des faïenceries, des fabriques de poteries artistiques qui luttent avec celles de Vallauris, — entr'autres la fabrique que M. Bouttet vient d'installer sur la route de Villefranche, — des usines de pâtes alimentaires, des ateliers pour l'exportation des oranges et des citrons, etc...

L'industrie du *bâtiment* seule végète depuis quelques deux ou trois ans. On a tant bâti qu'il faut bien s'arrêter un instant et reprendre haleine.

L'étranger qui a vu Nice, il y a cinq ans, pourra se rendre compte des transformations prodigieuses qu'elle a subie et constater par lui-même la vogue toujours croissante de cette station d'hiver.

# QUATRIÈME PARTIE

## LA VIE MONDAINE

### CHAPITRE PREMIER

**La vie mondaine à Nice. — Les bals. — Les matinées. — Les matinées à bord des escadres. — Les concerts.**

Les hôtes d'hiver de notre ville se divisent en deux catégories bien distinctes : les *éphémères* et les *résidents*.

Les premiers ont entendu vanter Nice, la clémence de son ciel, ses fêtes si brillantes, son Carnaval dont la réputation est universelle, et ils viennent voir si « c'est arrivé », histoire de tuer le temps et de jouir de leur fortune.

Les autres, les résidents, connaissent déjà Nice, ils savent qu'on s'y amuse à outrance, que l'hiver ne s'y fait point redouter ; et ils accourent, fidèles à notre coin de terre, soit pour soigner leur santé languissante, soit pour satisfaire un besoin impérieux de profiter de l'existence et des plaisirs nombreux que nous leur offrons.

Ah ! il faut avoir un tempérament solide, pour

résister à l'assaut continuel des plaisirs qu'impose aux gens du monde un séjour sur notre littoral. Cette vie de fièvre dont on vit six mois de l'année, à Nice, exige, croyez-le, un estomac de fer et un jarret d'acier. Une tête forte n'est point nécessaire ; une tête folle suffit quelquefois.

Ce n'est point une sinécure, allez, que cette obligation de paraître que votre fortune vous imposera. Il faut assister à tous les bals, à toutes les fêtes, à toutes les représentations de gala, si l'on veut mériter la considération de la foule des étrangers qui s'amusent. Et le temps passe si rapide qu'on croit bien souvent n'avoir pas sû en profiter.

Crac ! tout d'un coup, voilà que les bals cessent, que Mesdames X., Y., Z. et W*** ferment leurs salons, il faut boucler ses malles ; et ce n'est que longtemps après, quand on a quitté Nice et que l'on se trouve bien loin, que l'on songe à ce beau pays du soleil où l'on s'est tant amusé et où la vie est tant joyeuse, qu'on la traverse sans même s'en apercevoir. Alors seulement on a conscience du train d'existence que l'on a mené durant quatre,

---

Monte-Carlo. — Monaco.

# Hôtel de Russie

(Voir aux annonces.)

cinq ou six mois : — « Ah ! me suis-je amusé ! me suis-je amusé ! » s'exclame-t-on en s'étirant les membres. Et l'on aime à se souvenir.

A Nice, plus que partout ailleurs, les relations sociales sont faciles, sans exigences ridicules, sans étiquette gênante. On a peu de temps devant soi et chacun cherche à ne pas perdre une heure seulement. Mais par cela même que les relations sociales sont exemptes d'exigences, nous ne saurions trop engager nos lecteurs à s'enquérir, en tous cas, des gens avec lesquels ils pourront être en contact. Justement parce qu'on vient de loin pour s'amuser, on a, nous semble-t-il, tout intérêt à savoir avec qui l'on s'amuse. Comme toutes les villes de saison, Nice est le champ de manœuvres d'un tas de scélérats en habit noir. Les noms ronflants cachent bien souvent des rastaquouères de la plus belle espèce, dont on ne saurait trop se méfier, si l'on a souci de sa dignité.

En un mot, à Nice comme partout ailleurs, il faut savoir s'amuser, et se garder des gens malpropres. Pour cela il ne faut que du tact et

---

**POTERIE ARTISTIQUE DE MONACO**

## LOUIS CAVALLERO

Dépôt à MONTE-CARLO, au Bas-Moulin.
Leçons de Modelage.

une certaine habitude du monde; les imbéciles seuls seront toujours dupes.

*
* *

Nous l'avons dit souvent au cours de cet ouvrage, les relations entre Niçois et étrangers sont des plus agréables ; la société niçoise, qui sait ce qu'elle doit à la colonie étrangère, fait tout son possible pour satisfaire ses hôtes d'hiver. Les cercles surtout prodiguent leurs fêtes et le cercle Niçois par excellence, le cercle Philharmonique, le *Filar*, comme on l'appelle, doit être cité en première ligne pour l'empressement qu'il met à satisfaire les goûts de nos hôtes.

Cependant nous devons constater avec regret que Nice, depuis quelque temps, manque un peu de salons. Ce n'est plus le même monde d'il y a dix ans. Les progrès de l'industrie et la grande importance qu'a pris le commerce ont sensiblement élargi le cercle du monde qui s'amuse. Ce n'est donc plus, comme ont dû s'en apercevoir ceux qui fréquentent notre ville depuis longtemps, la même abondance de salons où l'on se donnait jadis rendez-vous. Que de portes se sont fermées ! Mais aussi combien d'autres se sont ouvertes, car si l'on ne va presque plus aux réunions de Mmes Trois-Etoiles et Deux-Points, c'est que les bals de cérémonie de nos jours n'offrent plus grand attrait. Les bals organisés par les cercles et les divers comités de fêtes sont maintenant plus courus. C'est la mode.

Et la mode est plus que jamais à la danse.

La danse est la base de toute distraction. Il n'est pas une fête, à notre époque, qui ne se termine par une sauterie.

La danse est devenue un besoin parce qu'elle est un prétexte. On se rencontre entre une mazurka et un lancier, et l'on en profite pour se donner à entendre que l'on s'aimera et que l'on déteste Monsieur un tel et Madame une telle.

Les matinées sont encore plus fréquentées que les bals. On s'y amuse davantage, l'intimité y règne beaucoup plus et le monde, à cause de cela, y est toujours plus choisi.

Rien n'est aussi gracieux comme une matinée organisée par les membres de certains cercles ou dans la splendide villa de Mme X. Loin de l'étiquette rigoureuse des bals, on sautille à la bonne franquette, et sans empiéter sur les heures de sommeil. C'est infiniment plus gai et infiniment plus sain.

Les matinées données par les escadres dans la rade de Villefranche ont toujours été les plus courues jusqu'ici, et les Américains et les Russes paraissent savoir réussir le mieux ce genre de fêtes auxquelles sont conviées l'élite de la Société niçoise et la fine fleur de la colonie étrangère. Les navires coquettement pavoisés et décorés, les vareuses bleues des marins graves montant la garde sur le pont font un cadre ravissant à ces bals joyeux, où la galanterie empressée et correcte des officiers de l'armée de mer et la politesse guindée des jeunes misses viennent se heurter à la gaîté tapageuse et spirituelle des blondes ladies de New-York ou de Philadelphie et aux rires perlés et moqueurs de nos jolies françaises.

Les toilettes éclatent dans ces matinées données à bord, éblouissant les yeux de leurs notes claires. Du haut des passerelles enguirlandées, le pont du navire a l'air d'un parterre mouvant où s'agiteraient sous un vent capricieux les fleurs les plus délicates et les plus coquettes.

Les concerts privés ne sont fréquentés que par les oreilles éprises de Wagner ou de Beethoven. On préfère généralement se rendre à Monte-Carlo où l'on entend gratuitement et deux fois par jour un orchestre d'élite admirablement composé.

Pour nous, nous ne savons rien de plus ennuyeux qu'une de ces auditions musicales comme il en abonde durant la saison d'hiver. Certes ces concerts là sont généralement donnés par des artistes de talent, mais de nos jours le talent court les rues, et, dame, il n'est pas agréable à tout le monde de dépenser vingt francs pour aller, trois heures durant, entendre pleurer ou rire le violon d'un soliste quelconque ou se lamenter, avec des larmes dans les cordes, le violoncelle de tel ou tel virtuose.

Sauf les concerts donnés chaque année par certains artistes aimés du public élégant, les auditions préparées par les autres dilettanti font généralement fiasco. Aussi engageons-nous sincèrement les artistes de talent qui désireraient percer à aller s'essayer ailleurs. La colonie étrangère et la population niçoise sont des enfants gâtés qui ne consentiront jamais à accepter autre chose que des réputations toute faites.

Un bon averti en vaut deux.

# CHAPITRE II

Les cercles. — Le cercle Philharmonique. — Le cercle Masséna. — Le cercle de la Méditerranée. — Le Lawn-Tennis-Club. — Le Club Nautique et les Régates.

Il n'y a, à proprement parler, que trois cercles à Nice, *le Philharmonique, le Masséna* et *la Méditerranée*. Les autres cercles ne sont point fréquentés par la colonie étrangère et leur importance n'est pas assez grande pour que nous en parlions ici.

Le cercle Philharmonique est le plus ancien de tous. Il a été fondé vers 1830 par une Société de gentilhommes niçois qui en avaient fait le centre de réunion de toute la noblesse du Comté. Il est situé rue du Pont-Neuf, 13.

Alors que Nice était encore limitée par le Paillon, le cercle Philharmonique fit les beaux jours et les beaux soirs de la ville, mais il devint bientôt un peu vieillot et une scission se produisit parmi ses membres. Les progressistes, au nombre de quatre-vingts, fondèrent le cercle Masséna. Durant long-temps, le cercle Philharmonique fut la dernière forteresse du parti des *vieux Niçois*.

Le *Filar* est bien rajeuni aujourd'hui. L'élément jeune de la population niçoise y a fait affluer un peu de sang nouveau, et ce cercle est devenu le lieu de rendez-vous le plus charmant. Les fêtes qu'il donne, durant l'hiver, sont les mieux réussies; aussi engageons-nous vivement nos lecteurs qui ont des amis nombreux parmi les Niçois, à ne pas manquer de s'abonner à ce cercle. On nous saura gré de ce petit conseil.

Le cercle Masséna, situé au Casino, doit son succès incontestable au programme qui a présidé à son organisation : créer un cercle où ne serait admis, sans préjugés aristocratiques toutefois, qu'un monde choisi ; permettre les jeux, mais empêcher que le cercle devienne une maison de jeu ; enfin rejeter toute pensée de spéculation, et une fois les frais généraux payés, employer les excédants de recette pour l'agrément des abonnés.

Le cercle Masséna a su marcher dans la voie qu'il s'est tracée à son début, et notre ville lui doit beaucoup. Depuis 1874, c'est lui qui s'est chargé de la direction des Courses de Nice ; les progrès qu'il a réalisés depuis dans ce genre de sport, et les succès qu'il a remportés sont un sûr garant de sa sage administration.

Les abonnements de famille donnent droit aux abonnés, à leurs femmes et à leurs enfants non mariés, d'assister aux bals, matinées dansantes (tous les samedis), concerts et fêtes, donnés par le cercle, sauf les fêtes de charité.

Les fils des membres titulaires ne payent que la moitié de la cotisation prescrite pour les associés temporaires.

Le cercle de la Méditerranée, rue Halévy et promenade des Anglais, 3, a été fondé, le 26 mars 1872, par une Société anonyme qui prit le nom de *Société du Cercle de la Méditerranée*.

Cette Société acheta l'ancien Casino de Nice, ainsi que le mobilier qui le garnissait et y établit le cercle actuel.

La *Méditerranée* possède le plus beau local qu'on puisse imaginer et une salle de fêtes qui peut au besoin se transformer en salle de spectacle.

Le service y est fait par dix valets de chambre et dix valets de pied dont la livrée est la même que celle du cercle de la rue Royale. L'organisation intérieure est semblable à celle du *Jockey-Club*, dont la Méditerranée est pour ainsi dire une succursale.

Les membres de ce cercle se divisent en plusieurs catégories : membres fondateurs ; membres du comité ; membres propriétaires ; membres permanents et membres temporaires.

A côté de la *Méditerranée*, dans une des dépendances de ce cercle, mise gracieusement à la disposition des organisateurs d'un sport, très goûté au delà de la Manche, se trouve le *Lawn-Tennis-Club*, dont M. le comte de Luzerna, un de nos hôtes fidèles, est le fondateur et le Président.

Le *Lawn-Tennis* est appelé, croyons-nous, si nous en jugeons par ses débuts, à un grand succès. Nous le souhaitons.

*Club Nautique de Nice*, 7, *quai Masséna*. — Le Club Nautique de Nice a été fondé en 1883 par un groupe d'amateurs pratiquants, dans le but de développer, par l'institution d'une Société permanente, le goût de la navigation de plaisance et des exercices nautiques.

Le succès de cette heureuse création fut tel que, après six mois à peine d'existence, la jeune Société avait pu inscrire sur ses listes 105 membres titulaires, et se trouvait, par suite, obligée d'abandonner son local, devenu trop étroit, pour en prendre un plus vaste, sur le quai du Midi, près de la mer. Aujourd'hui le Club Nautique ne compte pas moins de 200 membres et son guidon est battu par une flottille de 29 yachts, parmi lesquels les pavillons anglais, italien et américain se trouvent dignement représentés.

Le Club Nautique de Nice a fait ses preuves, au point de vue technique, en organisant et en dirigeant, avec un plein succès, les réunions suivantes :

1883. Régates de Saint-Jean-Beaulieu ; régates de Théoule.

1884. Régates internationales de Menton ; régates internationales de Nice (voile) ; régates de Saint-Jean-Beaulieu.

1885. Régates internationales de Menton ; régates de Saint-Jean-Beaulieu.

1886. Régates internationales de Nice ; régates de Saint-Jean-Beaulieu.

Pendant la saison d'hiver, ont lieu dans les salons du Club, des dîners, des concerts et des soirées. En outre, des conférences y sont faites sur des sujets se rattachant à la navigation en général.

Le Club Nautique de Nice a pris l'initiative de la constitution d'une forte association maritime qui, sous le nom d'*Union des Sociétés Nautiques de la Méditerranée*, comprend dans son sein les Sociétés suivantes :

Le Club Nautique de Nice et sa section de Menton ;

Le Regio-Yacht-Club Italiano et ses sections de Livourne, Ile d'Elbe, Civitavecchia et Naples ;

La Société des Régates Marseillaises ;

La Société des Régates de Cannes ;

La Société Nautique l'*Alcyon*, de Toulon ;

La Société Nautique de Cette.

Le littoral compris dans l'Union s'étend de Naples à Cette, embrassant ainsi une partie de la Méditerranée dont le développement n'a pas moins de deux cents lieues de côtes. Son étendue, déjà très considérable, s'accroîtra encore, dans l'avenir, par l'adhésion de nouvelles Sociétés.

L'Union a son siège à Nice ; elle est administrée

par une Commission qui porte le nom de *Comité général de l'Union*, et qui est formée d'un délégué de chacune des Sociétés ou sections de Société adhérentes. Ces délégués nomment parmi eux, le bureau de l'Union qui se compose d'un président, d'un vice-président et d'un secrétaire-trésorier.

L'entente parfaite qui existe parmi les Sociétés unies a permis d'établir en Méditerranée une saison de grandes régates internationales, échelonnées dans un ordre logique et dont les stations principales ont été cette année, sur le littoral français : Nice, Cannes, Marseille et Cette.

On a fait une mauvaise réputation aux cercles de Nice, et cela gratuitement, tout simplement pour le plaisir de dénigrer.

Nos cercles ne sont pas ce qu'un vain Sardou pense, et de Saint-Raphaël à Menton, n'en déplaise à un habile vaudevilliste, on trouve, Dieu merci, autre chose que des claquedents.

On assure toutefois que l'on joue gros jeu au *Masséna* et plus gros jeu encore à la *Méditerranée*. En tous cas, nous croyons que l'estime et la haute considération dont jouissent les présidents et les principaux membres des trois grands cercles de Nice sont des garanties suffisantes pour les étrangers nouvellement arrivés parmi nous, en quête d'un lieu de réunion agréable et choisi.

# CHAPITRE III

**Le Théâtre Municipal. — Le Théâtre Français.
Le Casino.**

Nice possède deux théâtres proprement dits : le *Théâtre Municipal* et le *Théâtre Français*.

Le Théâtre Municipal, situé rue Saint-François-de-Paule, a été élevé, en 1770, sur l'emplacement de l'ancien jeu de paume, par un noble de Nice, Alli de Macarani, qui en obtint le privilège pour vingt ans. Une Société de quarante gentilshommes en fit l'acquisition en 1789, avec le projet de l'agrandir. Ayant eu maille à partir avec le gouverneur Planargia, qui leur contestait le droit d'exclure le peuple de leur salle de spectacle, ils le dénoncèrent comme révolutionnaire à la cour de Savoie ; mais bientôt la Révolution éclata et les empêcha de donner suite à leur exploitation.

La ville se chargea de rebâtir ce théâtre sur les dessins de l'ingénieur Brunati qui s'inspira du duc d'Augennes, de Turin, et confia la direction des travaux à l'architecte Beruto.

En 1881, le Théâtre Municipal périt dans un violent incendie qui fit de nombreuses victimes ; il fut reconstruit sur un plan plus vaste dressé par MM. Aune et Daniel.

La présence, à Nice, de l'Impératrice de Russie et de sa suite, en 1858, avait donné à ce théâtre une importance vraiment sérieuse; il faudrait lire les journaux de l'époque pour se faire une idée de ses représentations où le spectacle était bien moins sur la scène que dans la salle. La salle Ventadour peut seule se glorifier d'en avoir vu de pareilles.

Parmi les artistes les plus remarquables qui ont paru sur notre scène municipale depuis 1865, il faut citer : M$^{me}$ la vicomtesse Vigier (Sophie Cruvelli); sa sœur Marie Cruvelli ; M$^{mes}$ Miolhan-Carvalho, Vandenheuvel-Duprez, Borghi-Mamo (Adelaïde), Virginia Boccafadati, Stoltz, Femi, Dory, Adelina Patti, Carlotta Patti ; MM. Tamburini, Evrard, Cottogni, Olivio Pavani, Pardini, Nicolini, Faure, Maïni, Rossi, Galli, Ronconi, Fiorini, Bonnafoux, Scheggi, Rossi le tragédien, etc., etc.

Le Théâtre Municipal est dirigé par un impresario ayant derrière lui une Société anonyme. La ville lui donne une subvention.

Ce théâtre joue constamment l'opéra italien ; mais on aimerait généralement, à Nice, y entendre de temps à autre l'opéra français. La Municipalité pourrait, ce nous semble, faire quelques sacrifices pour donner aux contribuables quelque chose qui ne soit pas invariablement *Il Trovatore* ou *Ruy-Blas* — l'opéra-comique français, par exemple.

La surface occupée par le nouveau Théâtre Municipal, qui a été inauguré en février 1884, es de 1,800 mètres carrés. La façade principale est située sur la rue Saint-François-de-Paule. Elle est formée par deux avant-corps de 6 mètres de largeur chacun et par un corps central de 18 mètres de longueur. La hauteur des avant-corps, du dallage aux frontons circulaires est de 24 mètres, non compris les cartouches qui la surmontent.

Le corps central s'élève à 19 mètres. Des statues allégoriques, représentant la Comédie, la Tragédie, la Musique et la Danse, trônent sur les socles supérieurs.

Les colonnes monolithiques, un peu lourdes du corps central, sont en marbre sanglant de Vérone, et les chapiteaux en bronze.

Dans les croisées décoratives de l'étage des avant-corps, sont placés les bustes de Rossini et de Meyerbeer.

L'entrée de cérémonie, abritée par une superbe marquise, s'ouvre sur la façade principale.

---

**MONACO (MONTE-CARLO)**

**GRAND HOTEL VICTORIA**

ET ANNEXE

*REY Frères, propriétaires.*

(Voir aux annonces.)

Une autre entrée de moindre importance se trouve à droite de l'édifice.

La salle, de style Renaissance, est construite suivant le goût italien, fort bien construite, du reste, et admirablement décorée de fresques. Elle comprend un parterre, trois rangs de loges, une galerie-amphithéâtre, un paradis. Elle peut contenir deux mille spectateurs environ.

Des galeries à air libre desservent chaque rang de loges, l'amphithéâtre et le paradis, et des escaliers de dégagement s'offrent pour la sortie à chaque extrémité des galeries. Le Théâtre-Municipal présente donc toutes les garanties de sécurité possible, en cas d'incendie.

Le foyer se trouve rue Saint-François-de-Paule. Il est attenant à un promenoir et à un fumoir à air libre.

A l'extrémité ouest se trouve un salon servant de buffet, les nuits de veglione.

La scène mesure 20 mètres de profondeur sur 18 de largeur. Elle comprend trois dessous en fer;

---

NICE
**LA HALLE DU COURS**
VINCENT LIBERCIER
Propriétaire-Directeur.
Spécialité de Jambons anglais York-Cut.
(Voir aux annonces.)

deux grils, l'un en fer, l'autre en bois rendu incombustible.

Les peintures décoratives que l'on admirera sont dues aux pinceaux de MM. Cailhol, Vigna, Gamba, de Preydour, Malabaïla, Chéry, Dulla, Pédoya, Casalis, etc.

On peut se procurer aux bureaux du théâtre, qui sont constamment ouverts, les prix des diverses places et les conditions d'abonnement.

\* \*

Le Théâtre-Français, construit sur l'emplacement qu'occupait, en 1859, le *Cirque Tiranty*, doit son existence à feu M. Avette, un directeur de théâtre très entendu qui dirigea longtemps cette salle.

D'importantes réparations y ont été faites cette année par les propriétaires actuels.

On donne dans ce théâtre la comédie, le vaudeville, l'opérette et le drame. Les prix des places y sont moins élevés qu'au Théâtre-Municipal.

La saison théâtrale commence, à Nice, du 12

---

## MONACO (MONTE-CARLO)
ACHAT & VENTE DE BIJOUX ET DIAMANTS

### ERNEST CIOCCO

GALERIE, Avenue des Spelugues, à deux pas du Casino.
(Voir aux annonces.)

au 15 novembre, et sa clôture ordinairement le dimanche des Rameaux.

*
* *

Le Casino municipal, construit sur le Paillon, indépendamment de son splendide jardin d'hiver, possède une coquette salle de concert où l'on peut parfaitement donner le spectacle.

Le Casino municipal fut édifié par MM. Lazard et C$^{ie}$, qui s'étaient engagés à couvrir le Paillon depuis le Casino jusqu'à la mer ; moyennant cette condition, la Municipalité laissait aux actionnaires du Casino l'exploitation de ce superbe immeuble durant un certains nombre d'années.

M. Lazard a fait faillite, le Paillon n'a pas été couvert ; aussi le Conseil municipal a-t-il décidé d'employer les moyens violents pour provoquer une liquidation rapide et peut-être le Casino restera-t-il fermé cet hiver.

Il est à souhaiter que cet établissement prenne bientôt son essor et offre ainsi aux nombreux étran-

---

*Monte-Carlo-Monaco.*

# HOTEL DE RUSSIE

*(Voir aux annonces.)*

gers qui fréquentent notre littoral un Casino digne d'eux et digne de Nice.

Nous voudrions voir s'y former un cercle de famille ouvert tout le jour et une partie de la soirée, un centre de réunion avec toutes les distractions possibles : orchestre, matinées dansantes, concerts, bals, grandes fêtes, représentations théâtrales. L'utilité d'un pareil établissement est incontestable et nous sommes certains que la Municipalité, soucieuse des intérêts de Nice, fera tout son possible pour procurer à la colonie étrangère et aux contribuables un Casino tel que celui que nous souhaitons et dont le besoin semble se faire impérieusement sentir (1).

---

(1) Au moment où nous mettons sous presse un accord se fait entre la Municipalité et le Syndic de la faillite qui s'engage à faire achever les travaux de couverture. Le Casino va donc pouvoir être exploité.

## CHAPITRE IV

Les Courses. — Le Carnaval. — Les Confetti. — Les Batailles de fleurs. — Les Veglioni. — Les Fêtes du Printemps. — Les Régates.

Ni les bals multipliés, ni le théâtre avec la comédie, le vaudeville, l'opérette gouailleuse et le grand opéra italien, ni les concerts, ni les dîners, ni les promenades, ni les cancans de salons, secrets de Polichinelle que tout le monde connaît, qu'on se chuchotte à l'oreille, ni les vagues transparentes, ni le ciel bleu, ni rien ne suffisaient à la colonie étrangère ; il lui fallait des émotions et des secousses, pour ne pas s'engourdir dans les tièdes effluves d'une atmosphère trop clémente. Ce n'était même pas assez du voisinage de Monaco : elle avait besoin de l'Hippodrome du Var. Qu'elle remercie donc la mémoire de M. P. Bounin père, à qui elle doit le champ de Courses.

De 1868 à 1874, les Courses se firent au moyen de fonds recueillis par souscriptions. A partir de 1874, l'assemblée des souscripteurs chargea son Comité de liquider l'affaire pour la remettre aux soins du Cercle Masséna qui consentit à la prendre sous son patronage.

Les Courses sont présidées par un Comité désigné

en Conseil d'administration. Ce Comité a pour président le président du cercle.

Jusqu'ici M. Dennetier avait été chargé de l'engagement des chevaux et de la perception, en qualité de *Manager* des Courses. Depuis son décès, c'est M. Blondin, l'intelligent directeur des tirs aux pigeons de Monte-Carlo, qui administre les Courses de Nice.

Les Courses sont, avec les Tirs aux pigeons, les fêtes d'ouverture de la saison hivernale sur notre littoral. Elles ont lieu dans la seconde quinzaine de janvier et durent quatre jours (jeudi, vendredi, samedi et dimanche); les prix sont généralement au nombre de quatorze.

Les personnes qui ne veulent pas se rendre en voiture au champ de Courses, peuvent prendre le train qui s'arrête à la station du Var. De cette gare à l'hippodrome, il ne faut pas plus de quinze minutes à pied.

Voici maintenant le prix des places :

*Enceinte réservée, Tribune, Pesage* par { Hommes  20 fr.
personne et pour chaque journée.. { Dames..  10
Une *Voiture* à 1 cheval...........................  15
Une *Voiture* à 2 chevaux..........................  20
Une *Voiture* à 4 chevaux..........................  30
Un *Cavalier*......................................  5
*Digue*. (Le billet n'est vendu qu'au bureau de supplément établi dans l'intérieur du champ de Courses.) Indépendamment du prix payé à l'entrée, il est perçu...........................  3
Un *Piéton* .......................................  1

Les voitures publiques dites « omnibus », ainsi que les tapissières, chars à bancs ou voitures non suspendues, ne sont point admises dans le champ de Courses.

Pour éviter les erreurs et activer le service, chaque personne est instamment priée de présenter aux bureaux le *prix exact* du billet ou des billets qu'elle voudra prendre.

*Les Buralistes ne rendent pas de monnaie.*

Pour éviter toute confusion, les personnes à pied, à cheval, ou en voiture doivent se présenter aux entrées du champ de Courses en tenant leur billet à la main ou indiquant leur carte portée ostensiblement. — Il est interdit à une seule personne de présenter plusieurs cartes à la fois.

Il y a dans l'enceinte du champ de Courses, sur le côté droit des tribunes, un bureau de vente de *Cartes d'Enceinte réservée*. Le prix payé à l'entrée n'est pas admis en compensation.

Toutes les grandes écuries de France et d'Angleterre ont été représentées sur le turf de Nice.

La piste a 1,800 mètres.

Le champ de Courses du Var, situé le long de la digue, à gauche du fleuve, entre le remblai du chemin de fer et la Méditerranée, est certainement, comme situation, le plus beau qui existe. Le coup d'œil vu des tribunes supérieures offre un magnifique spectacle ; décor splendide dont la toile de fond est formée par les Alpes naissantes, découpant dans l'azur du ciel leurs cimes ondoyantes.

Les Courses de Nice se sont élevées, dès leur début, à une hauteur à laquelle peu de réunions de province peuvent espérer atteindre. Il est permis de dire que le meeting est sans rival. Combien d'hippodromes, tant en France qu'en Angleterre, donnent quatre journées de courses en huit jours, Combien retiennent et attirent ce laps de temps une double population cosmopolite. ?

Les Courses du Var accomplissent ce tour de force et alors Nice n'est plus elle-même : elle est Paris.

Certainement on se croirait à Longchamp. C'est un luxe inouï de toilettes, un mouvement effréné. On cherche des yeux Nana au milieu de cette foule bruyante qui se presse dans l'hippodrome et que M. Zola a si bien décrite. Vrai, on se croirait à Paris.

Aux Courses succède le Carnaval, ces fêtes dont on parle dans le monde entier et qui ont concouru pour beaucoup au succès toujours croissant de Nice.

---

MONACO (MONTE-CARLO)
## GRAND HOTEL VICTORIA & ANNEXE
REY Frères, propriétaires.
*(Voir aux annonces.)*

Les fêtes ont lieu pendant les huit jours qui précèdent le Carême ; elles sont organisées et dirigées par un Comité spécial des fêtes, qui fait tout son possible pour leur assurer chaque année une splendide réussite. Nous aimerions, cependant, voir quelques jeunes gens se joindre à ce Comité et apporter un peu de leur fougue et de leur entrain. Peut-être arriverait-on chaque année à varier d'une façon originale le programme du Carnaval de Nice, ce qui ne ferait qu'en augmenter l'attrait.

Les fêtes commencent par un défilé de chars, masques, mascarades, voitures décorées, et cela au milieu d'une bataille effrénée à laquelle toute la population prend part : la bataille des confetti.

Les *confetti* sont des boulettes de plâtre coloriées, de la grosseur d'un petit pois. Celui qui veut prendre part à la bataille emporte avec lui ses munitions et, le visage protégé par un grillage en fil de fer, la tête resserrée par un bonnet, armé d'une petite pelle qui sert à lancer les *confetti*, se jette bravement dans la mêlée ; alors gare au premier qui l'attaque. Gare surtout au malheureux chapeau haut de forme

## GRASSE
# GRAND HOTEL MURAOUR
## ET DE LA POSTE

(Voir aux annonces).

qui s'aventure sur le parcours du défilé carnavalesque ; on en fera impitoyablement un accordéon.

La rue Saint-François-de-Paule, la promenade du Cours et la place de la Préfecture, où sont construites les tribunes, sont les endroits les plus animés.

Qui n'a pas vu le Carnaval de Nice ne peut s'en faire une idée bien exacte ni comprendre qu'une population entière puisse arriver à ce degré de folie qui la fait se ruer tout à coup dans la rue pour se lancer mutuellement à la tête de petites boulettes de plâtre. Et cependant combien de nos jolies mondaines appartenant à la colonie étrangère se précipitent au sein de la mêlée, au milieu des bruits de la foule, des piétinements des chevaux, des cris des masques et des notes aigres des fanfares.

Les personnes qui ne voudront pas prendre part à la bataille des *confetti* pourront louer des places sur les tribunes de la Préfecture ou mieux encore une fenêtre ou un balcon donnant sur la rue Saint-François-de-Paule. Elles assisteront de là au spectacle de la lutte, sans crainte de recevoir la moindre pelletée de *confetti*.

Le Mardi-Gras, pendant le dernier *Corso*, a lieu la distribution des récompenses. Elle se fait du haut de la tribune du Comité, sur la place de la Préfecture. C'est donc une rivalité continuelle, chacun veut avoir le premier prix ; cette émulation n'est pas la moindre garantie du succès qu'obtiendra toujours notre Carnaval.

Ces prix varient pour les chars et les cavalcades de 5,000 à 500 francs, pour les mascarades à pied de 2,000 à 200 francs, pour les masques isolés de 100 à 50 francs. Les prix sont accompagnés de splendides bannières en soie.

Des prix d'honneur sont décernés aux voitures les mieux décorées.

La vente de charité qui a lieu durant ces fêtes est très fréquentée par la colonie étrangère. Elle a généralement lieu dans le jardin d'hiver du Casino. Avant la construction de cet établissement, elle se faisait sur le square Masséna.

D'aucuns préfèrent aux batailles de *confetti*, les batailles de fleurs qui ont aussi lieu durant les huit jours de fêtes.

Les batailles de fleurs ont lieu sur la promenade de Anglais. Deux rangées de voitures enguirlandées de feuillages et décorées de fleurs circulent en sens contraire. C'est entre les voitures qui montent et celles qui descendent une guerre impitoyable. On se jette à la tête de tout petits bouquets qu'on accompagne d'un sourire ou d'une petite méchanceté, cela dépend. Le peuple ne prend aucune part à cette bataille.

Des bannières d'honneur sont encore distribuées

aux équipages les mieux décorés ou les plus originaux.

Le Carnaval se termine, le Mardi-Gras, par une illumination générale de la Préfecture, du Cours et de la rue Saint-François-de-Paule, et par une nouvelle bataille : celle des *mocoletti*, petites bougies qu'on tient à la main et qu'on cherche mutuellement à s'éteindre. Enfin, la dernière fusée du feu d'artifice tirée, la mort du bonhomme Carnaval qu'on brûle en effigie, vient clôturer ces fêtes splendides qui attirent à Nice tant d'étrangers.

Durant tout le Carnaval, c'est-à-dire depuis le jour des Rois, les bals masqués se succèdent sans interruption, dans le grand monde. C'est à qui portera le costume le plus riche ou le plus original. Mais les bals masqués où l'on s'amuse le plus à cause de la liberté que chacun a d'y agir selon sa fantaisie, sans être embarrassé par l'étiquette ou la crainte du qu'en-dira-t-on, ce sont les *Veglioni*.

Ces bals sont donnés par le Comité des fêtes ; ils ont lieu au Théâtre-Municipal et nous pouvons dire sans vanterie que les bals de l'Opéra sont des

## POTERIE ARTISTIQUE DE MONACO
# LOUIS CAVALLERO
*Dépôt à MONTE-CARLO, au Bas-Moulin.*
**Leçons de modelage.**

enterrements de première classe à côté de nos *Veglioni*.

Là encore le Comité distribue des bâtons de folie aux masques les plus drôles ou les plus richement vêtus. On voit de quel encouragement sont ces récompenses pour les personnes qui vont au *Veglione*.

A Nice, comme tout le monde se connaît peu ou prou, on comprend aisément l'entrain qui règne dans ces bals. Les bons mots, les réparties spirituelles, les à-peu-près les plus abracadabrants, les ironies les plus fines, les pointes les plus *piquantes* partent de chaque coin de la salle où les masques gambadent dans les jambes des habits noirs.

Les Fêtes du Printemps, qui ont lieu à la mi-Carême à peu-près en même temps que les Régates, sont la suite du Carnaval, un reste de folie mal étouffée qui éprouve le besoin de se manifester. Rebatailles de fleurs et corso blanc — un défilé de voitures illuminées remplies de masques habillés en blanc ; idée récente, très originale et qui fait honneur au Comité des Fêtes.

**NICE**
# LA HALLE DU COURS
VINCENT LIBERCIER, propriétaire-directeur.
Spécialité de Jambons anglais York-Cut.
(*Voir aux annonces.*)

Les Régates, après le Carnaval, sont un des plus grands attraits de Nice où elles attirent pas mal de yachtsmen. Elles sont dirigées par M. le capitaine Le Gros, président du Club nautique, un homme de mer qui déploie en cette occasion tout le zèle et toute la compétence qu'on lui connaît, ce qui n'est pas peu dire.

# SPÉCIALITÉ DE CHEMISES
## SUR MESURE

## J. FORTIS
### 14, — Rue de la Préfecture, — 14

ON FAIT UN MODÈLE
COMME ÉCHANTILLON, A 5, 6, 7, 8, 9 ET 10 FRANCS
AVEC COL, POIGNETS ET DEVANT TOILE

### BONNETERIE POUR HOMMES
*Faux-cols, cravates, flanelles.*

RÉPARATIONS DE COLS, DEVANTS ET POIGNETS

PRIX MODÉRÉS

14, — RUE DE LA PRÉFECTURE, — 14
NICE

---

## NICE

# GYMNASE SOHIER
### FONDÉ EN 1866
### 31, Boulevard Dubouchage

## DANSE & MAINTIEN

## HYDROTHÉRAPIE

## LEÇONS D'ESCRIME

*Massage et Frictions*

# MONACO

## SAISON D'HIVER ET SAISON D'ÉTÉ

30 minutes de Nice, 15 minutes de Menton.

LE TRAJET DE PARIS A MONACO SE FAIT EN 22 HEURES
DE LYON EN 15 HEURES
DE MARSEILLE EN 7 HEURES, DE GÊNES EN 5 HEURES

Parmi les **Stations hivernales** du littoral méditerranéen, **Monaco** occupe la première place par sa position climatérique, par les distractions et les plaisirs élégants qu'il offre à ses visiteurs et qui en ont fait aujourd'hui le rendez-vous du monde aristocratique.

La température, en été comme en hiver, est toujours très tempérée, grâce à la brise de mer qui rafraîchit constamment l'atmosphère.

**Monaco** possède un vaste Etablissement de **Bains de mer**, ouvert toute l'année, où se trouvent également des salles pour l'hydrothérapie. — Le fond de la plage, ainsi qu'à **Trouville**, est garni de sable fin.

Pendant toute la saison d'hiver, une nombreuse troupe d'artistes d'élite y joue, plusieurs fois par semaine, l'**Opéra**, la **Comédie**, le **Vaudeville**, l'**Opérette**.

Des **Concerts** dans lesquels se font entendre les premiers artistes d'Europe ont également lieu pendant toute la saison. — **L'Orchestre** du Casino, composé de 70 exécutants de premier ordre, se fait entendre deux fois par jour pendant toute l'année.

# TIR AUX PIGEONS

## DE MONACO

OUVERTURE VERS LE 15 DÉCEMBRE

---

## CONCOURS SPÉCIAUX

### et Tirs d'exercice.

---

## GRANDS CONCOURS INTERNATIONAUX

### en Janvier et Mars

PENDANT LES COURSES ET LES RÉGATES DE NICE

---

*Poules à volonté*

---

## TIR A DISTANCE FIXE

---

## HANDICAPS

# Poterie Artistique

DE

## Monaco

## Louis CAVALLERO

### DÉPOT

A

## Monte-Carlo

Au Bas-Moulin

### Leçons de Modelage

# CHAPITRE V

Monaco et Nice. — Monte-Carlo. — Le Tir aux pigeons. — Les Concerts. — La Roulette et le Trente-et-Quarante. — La question des jeux.

Parler de Nice et ne rien dire de Monaco, alors surtout que l'on s'entretient de la vie élégante, est tout à fait impossible. Monaco est pour Nice ce qu'est pour cette dernière ville une journée de plus de soleil, une semaine de plus de fêtes. Est-ce à dire toutefois que Monaco fait vivre Nice, comme d'aucuns le prétendent, en lui donnant chaque hiver cette population joyeuse qui vient s'établir sur notre littoral quand s'en vont les hirondelles ? Cette question est assez embarrassante, puisqu'il faudrait admettre, pour y répondre affirmativement que Nice livrée à ses propres ressources — au commerce de son climat — ne saurait se suffire à elle-même et maintenir sa renommée. Lorsque des bords du Tibre, les riches familles romaines accouraient demander à notre ciel une température plus clémente et le rétablissement de leur santé, ce n'était guère le modeste *Portus Herculis Monœci* qui les attirait. A cette époque Nice et Cimiez vendaient déjà de chauds rayons de soleil à la barbe des glaçons du bonhomme Hiver.

Il est juste de reconnaître pourtant que la publicité universelle dont Monte-Carlo prend soin de s'entourer chaque année, concourt pour une grande part à donner à Nice une certaine partie de ses hôtes d'hiver, — hôtes de passage, si vous voulez, qui ne prolongent guère au delà d'un mois leur séjour sur notre littoral, mais qui, en revanche, se renouvellent sans interruption.

Nice sans Monte-Carlo, mais ce serait Hyères, Saint-Raphaël, des hôpitaux à ciel ouvert où les malades se chatouillent pour essayer de rire. Et vous croyez que cette gaîté d'enfer qui court nos rues pendant tout l'hiver, cette vie à toutes guides qui devient un peu, sans que nous nous en doutions, notre vie à tous, n'entre pas pour beaucoup dans les guérisons nombreuses des malades dont elle secoue l'hypocondrie ?

C'est Monte-Carlo qui donne le branle à la gaîté et si notre Carnaval est arrivé à dépasser en joyeuses et élégantes équipées le Carnaval de Rome, c'est encore un peu aux largesses de la Société des Bains de Monaco que nous le devons.

---

**MONACO (MONTE-CARLO)**
## GRAND HOTEL VICTORIA
### ET ANNEXE
*REY frères, propriétaires.*
(Voir aux annonces.)

De Nice à Monaco — ou plutôt au Casino de Monte-Carlo dont chacun a entendu parler — il ne faut pas plus de trente-cinq minutes en chemin de fer.

Monte-Carlo, qui s'élève en regard de l'antique principauté des Grimaldi, est placé sur un merveilleux plateau couvert d'hôtels splendides, de jardins féeriques qui s'étendent en terrasses jusqu'à la mer. Au milieu de ces jardins où éclate la flore africaine se dresse le Casino. Cet établissement, qui offre aux étrangers les mêmes distractions qu'autrefois les établissements des bords du Rhin, est construit avec un luxe inouï. Les salles de jeux au nombre de trois sont décorées avec le meilleur goût, la salle Mauresque et celle du Trente-et-Quarante, surtout. Quant à l'Atrium et aux salles des Pas-Perdus et des Concerts, elles dépassent ce que l'on saurait rêver de plus élégant et de plus coquet.

L'entrée du Casino n'est accordée qu'aux personnes munies de cartes d'admission. Ces cartes sont délivrées au bureau du commissariat spécial de l'établissement.

## GYMNASE SOHIER
**Fondé en 1866.**
NICE — 31, BOULEVARD DUBOUCHAGE — NICE

(Voir aux annonces.)

Indépendamment des jeux, une des attractions principales de Monte-Carlo c'est le Tir aux pigeons, qui est installé au bas des jardins. Un programme spécial fait connaître chaque année les dates des concours.

Toute personne désirant prendre part aux tirs n'est admise que sur la présentation *écrite* d'un membre du Comité de Patronage ou du Comité de Tir de 1885-1886 ou de deux membres du Cercle des Patineurs (Paris), du Hurlingham Club, du Gun Club (Londres), ou du Tir du Bois de la Chambre (Bruxelles). Une carte personnelle valable pour la saison est alors délivrée à cet effet.

Dans les concours avec prix, les objets d'art ou les bourses ne sont ajoutés à la Poule que s'il y a au moins 12 concurrents. — Deux pigeons manqués entraînent la mise hors concours. Il n'est plus fait appel des tireurs ne se trouvant plus en *Poule*.

Le calibre 10 est le plus gros calibre autorisé. — La poudre-coton est interdite. — 7 grammes 20 de poudre et 36 grammes de plomb la plus forte charge. — Les pigeons sont payés 2 francs.

Les inscriptions sont reçues au secrétariat du Tir, à Monaco, par M. A. Blondin, la veille des tirs, jusqu'à 5 heures du soir. Passé ce délai les inscriptions sont augmentées de 25 francs.

Les règles suivies pour les conditions du tir sont celles du Cercle des Patineurs de Paris.

Le Comité délègue des juges et des commissaires qui exercent sans appel.

Pour les personnes qui ne font pas partie des cercles désignés plus haut, la lettre d'engagement demandant l'inscription doit être signée par un membre du Comité.

Après le tir aux pigeons, les concerts et les représentations théâtrales donnés au Casino par des artistes d'élite attirent à Monte-Carlo les personnes qui ne sont pas sensibles aux charmes du tapis vert.

Ce tapis vert! en a-t-on écrit de volumes et d'articles de journaux pour démontrer qu'il est la cause de tous les maux. Toujours la fable des *Animaux malades de la peste*... Nous n'entendons pas faire ici un examen psychologique de la passion du jeu, ni une critique en règle de la législation actuelle, mais nous tenons à dire notre opinion sur deux choses qui, à Nice, sont toujours d'actualité: la Roulette et le Trente-et-Quarante.

Dans l'intérêt de la morale publique et afin de réfréner les tripots, en France, on avait réglementé les jeux d'une façon normale et légale ; au nom de la morale publique, la loi du 18 juillet 1836 supprima les maisons de jeu, comme celle du 21 mai de la même année avait supprimé la loterie. L'Etat perdit deux de ses revenus les plus clairs, mais le jeu n'y perdit rien, car les lois sont impuissantes contre les passions humaines. Le cœur a des révoltes que le législateur ne saurait dompter et, souvent en cherchant à extirper un vice, il ouvre les écluses aux flots des abus plus terribles encore que le mal qu'il espérait contenir. C'est ce qui arriva une fois de plus : le jeu avait été public jusqu'alors, il devint clandestin. Là était cependant le danger ; ce n'est pas en effet le jeu en lui-même qui est immoral, c'est son exploitation déloyale.

Sous le premier empire la loterie, également établie en France, fonctionnait dans les Alpes-Maritimes, en même temps que dans tous les autres départements ; c'était une administration régulièrement organisée, dans les attributions du ministère des finances et dont les recettes et les dépenses figuraient au budget. Le changement de gouvernement, en 1814, fit cesser les tirages de la loterie impériale ; les joueurs s'adressèrent alors aux bureaux de loterie établis à Turin et à Gênes. L'annexion supprima cet état de choses, c'est-à-dire que ce qui se faisait publiquement et régulièrement, sous le premier empire, dans le bureau du

---

GRASSE
## GRAND HOTEL MURAOUR
### ET DE LA POSTE

(Voir aux annonces.)

receveur des finances, et plus tard, dans les mêmes conditions, par les receveurs sardes, jusqu'en 1860, se fait depuis en contravention, sans aucune responsabilité, sans nulle garantie....., grâce à « la morale publique ».

Par suite de son voisinage avec l'Italie, Nice est le dernier boulevard français du *terne* et du *quaterne*, comme elle est, en raison du séjour que viennent y faire un grand nombre de gens de loisir et de fortune, l'un des principaux réceptacles des maisons de jeu clandestines. La police en sait quelque chose.

On compte par centaines les individus n'ayant d'autre moyen d'existence que l'art de *chambrer* les naïfs, ou celui d'administrer les banques où vont se faire mystérieusement dépouiller les monomanes qui mettent de l'acharnement à corriger les écarts de la fortune. La roulette est particulièrement exploitée par ces industriels de bas étage. Il n'y a pas de semaine, pendant l'hiver, qu'on ne découvre au moins un de ces engins interlopes dont le nombre est assez grand pour faire à Monaco une sérieuse concurrence.

---

## POTERIE ARTISTIQUE DE MONACO

## LOUIS CAVALLERO

Dépôt à MONTE-CARLO, au Bas-Moulin.
Leçons de modelage.

On conviendra que jouer pour jouer, mieux vaut perdre son argent à Monte-Carlo que dans un de ces obscurs repaires. A Monaco, du moins, le public jouit de toute sécurité : il y a une police qui protège les poches et le jeu est soumis à une réglementation régulière, légale en quelque sorte, qui est une garantie de la loyauté de la banque. Et puis, avec un peu de philosophie, on peut se dire, si l'on est *refait*, qu'on en a eu pour son argent.

Monaco n'est donc pas si noir qu'on veut bien le dire ; il l'est moins en tout cas que la Corbeille des agents de change qui porte tant de préjudice au commerce, à l'industrie, aux fortunes privées et contre laquelle on ne songe cependant pas à s'élever ; il est moins dangereux que les Cercles, autorisés mais non surveillés, où l'on se ruine sur parole, où l'on peut s'asseoir, à tout moment, en face d'un grec qui fait sauter la coupe. A Monaco le joueur n'expose que son argent, ou du moins celui qu'il a entre les mains et il n'a contre lui que la déveine, adversaire cent fois moins redoutable que le filou qu'on ignore.

Les esprits sérieux, nous le savons, ont entrepris plusieurs fois contre Monaco et les maisons de jeu, en général, une campagne acharnée. Nous ne voyons vraiment pas en quoi les maisons de jeu seraient plus dangereuses pour la morale publique, et pourquoi elles sont moins utiles à l'assouvissement des passions humaines que certaines maisons publiques tolérées par le législateur.

Qu'on cesse donc de se plaindre du Trente-et-Quarante et de la Roulette de Monte-Carlo. Si les jeux font des victimes, celles-ci ne sont nullement à plaindre ; tant pis pour qui se rend esclave de ses passions. Nous toisons au même niveau les exécutés de la Bourse et les décavés du tapis vert. Nous comprenons qu'on profite des distractions dont Monte-Carlo est peuplé, mais non pas qu'on en abuse, et surtout qu'on rende l'Administration responsable des malheurs qui peuvent arriver, car, en définitive, elle ne prend personne au collet — au contraire.

---

## CHAPITRE VI

L'été à Nice. — Les bains de mer. — Saint-Martin-Lantosque, Berthemont, La Bollène, etc.

L'été est l'hiver des villes du littoral.

Après le départ des étrangers, c'est-à-dire vers la fin avril, la capitale du plaisir devient tout à coup le refuge du *far niente* et de l'ennui.

On a souvent proposé sans succès d'ajouter à la saison d'hiver une saison d'été. Il n'y a là rien d'impossible, il suffirait de vouloir.

Sans doute l'étranger qui aurait passé l'hiver à Nice ne prolongerait pas son séjour ; après un certain temps d'absence le voyageur éprouve le besoin de revoir sa famille et son foyer ; à un moment donné les soins de sa fortune l'appellent dans son pays, quand les exigences du monde ne l'attirent pas dans une autre nation à la mode. Mais si on ne retenait pas la colonie d'hiver on pourrait, ce nous

---

**NICE**

## LA HALLE DU COURS

VINCENT LIBERCIER, propriétaire-directeur.
Spécialité de Jambons anglais York-Cut.
(*Voir aux annonces.*)

semble, en s'organisant en conséquence, la remplacer par une nouvelle série d'hôtes.

La chaleur ne ferait pas obstacle. On imagine généralement que puisqu'il fait chaud à Nice pendant l'hiver, il doit y faire en été beaucoup plus chaud qu'ailleurs. Rien n'est plus faux. La température de l'été s'élève très souvent à Londres, à Berlin, à Paris, à Genève, plus haut qu'à Nice. Notre climat, tempéré l'hiver, est également tempéré dans l'autre saison. Nous devons cela à la brise de mer et à celle des montagnes qui viennent chaque jour rafraîchir alternativement l'atmosphère. A part quelques journées exceptionnelles, on ne souffre guère ici de la chaleur. Juin est le mois le plus agréable et le plus charmant peut-être de l'année entière.

Nous ne doutons pas, nous le répétons, que pour faire de Nice une ville d'été, il suffise de le vouloir. Et d'abord il faudrait démentir *urbi et orbi* les cancans *répandus* par les stations rivales sur notre climat et créer ensuite des établissements de bains de mer mieux aménagés encore que ceux que nous

---

MONACO (MONTE-CARLO)
## GRAND HOTEL VICTORIA & ANNEXE
REY Frères, propriétaires.
(*Voir aux annonces.*)

possédons déjà, du côté de Carras, par exemple, où la plage est garnie d'un sable fin et velouté. Un café, un restaurant coquets, un bel établissement balnéaire suffiraient pour attirer les baigneurs, qui se rendraient à Carras en tramways. L'idée est à creuser.

Pour le moment, il est de bon ton, dans la société niçoise d'aller, en été, passer quelques jours dans les montagnes des environs. Saint-Martin-Lantosque, Berthemont, La Bollène sont devenus les lieux de rendez-vous des familles de Nice, durant les mois de juin, juillet et août. Saint-Martin-Lantosque est de tous les villages des Alpes le site d'été le plus à la mode. Il est placé dans un endroit frileux et couvert de neige en hiver, près des limites de l'ancien comté de Nice et du Piémont. En peu de temps il s'est étendu d'une façon extraordinaire ; de beaux et confortables hôtels y ont été construits et pendant l'été on dirait un coin de Nice au mois de janvier. La ville ne ménage pas les fêtes à ses hôtes, elle cherche, au contraire, à les retenir de mille façons : on parle d'éclairer Saint-Martin à la lumière électrique. Edison et Jablokoff à 978 mètres au-dessus du niveau de la mer...

Le village de Berthemont est situé à quelques kilomètres de Saint-Martin-Lantosque. Ce séjour convient surtout aux malades et aux gens d'humeur tranquille. Les eaux sulfureuses qui s'y trouvent sont paraît-il, très efficaces, puisqu'on a construit, à côté de deux magnifiques hôtels, un établissement de bains qui a été très fréquenté la saison dernière.

La Bollène, un petit bourg situé sur rocher élevé, est un pays de pâturages, que nous recommandons à ceux qui aiment le bon lait.

Indépendamment de ces villages, les Niçois se rendent dans d'autres sites alpestres du département. La vallée du Var et de la Tinée ne manquent pas de nids d'aigles, qui se dressent dans l'air pur et calme, et où l'on peut fort bien passer un mois sans éprouver la moindre nostalgie de la ville, si l'on est chasseur ou bien encore si l'on aime à faire des excursions : les montagnes à gravir et les pics à escalader n'y font jamais défaut.

# TABLE DES MATIÈRES

Avertissement..................................... v

**PREMIÈRE PARTIE.** — *Nice Pratique.*

Chapitre premier. — Les Alpes-Maritimes. — Nice et son Histoire. — L'Annexion du Comté de Nice en 1860........................... 1

Chapitre II. — Nice au point de vue géographique. — La végétation, la mer, le climat. — Observations météorologiques. — Ressources médicales. — Du choix d'un logement........ 9

Chapitre III. — Les Niçois. — Leur caractère et leur attitude vis-à-vis de l'étranger. — Le dialecte niçois. — Un abus à réprimer. — Divers modes de paiements usités à Nice..... 19

Chapitre IV. — Conseils aux étrangers. — Les agences de location. — Les domestiques. — Le vivre et le couvert. — Le pain. — La viande. — La volaille. — Le poisson. — Le gibier. — Le beurre, le lait, les œufs, le fromage. — Légumes et fruits. — Pâtes d'Italie. — Vins du pays. — Les eaux potables, analyse. — Combustibles. — Poids et mesures. — La vie à Nice............................ 29

Chapitre V. — De la Cuisine niçoise............ 43

# TABLE DES MATIÈRES

## DEUXIÈME PARTIE. — *Nice Pittoresque.*

**Chapitre premier.** — Première promenade. — Le Paillon. — Tarifs des voitures et des tramways. — La place Masséna. — Le quai Masséna. — Le Jardin-Public. — La Promenade des Anglais. — La rue de France. — La place Croix-de-Marbre. — La rue Masséna. — L'avenue de la Gare. — Carabacel. — Le quai place d'Armes. — La rue Gioffredo. — Le quai Saint-Jean-Baptiste.................................... 49

**Chapitre II.** — Deuxième promenade. — Le Château. — La terrasse du Donjon. — L'avenue Eberlé. — La rue Ségurane. — Catherine Ségurane. — La rue Sincaïre. — La rue de la Providence. — La rue Pairolière. — La place Garibaldi. — La rue Victor. — Routes de Turin et de Gênes. — La rue du Paillon. — La rue Cassini. — La rue de Villefranche. — La place Cassini. — Le boulevard de l'Impératrice de Russie..................................... 68

**Chapitre III.** — Troisième promenade. — Le Pont-Vieux. — La porte du Pont-Vieux. — La place Saint-François. — La place Sainte-Réparate. — La Cathédrale. — La rue de l'Abbaye. — La rue du Jésus. — La rue Droite. — La rue de l'Arc. — La rue du Statut. — La rue des Serruriers. — La rue de la Boucherie. — La rue du Collet. — La rue du Mascoïnat. — La rue Colonna d'Istria. — Les rues du Pontin, du Moulin, du Château, de la Condamine supérieure, du Malonat. — La rue de la Préfecture. — La place Saint-Dominique. — La rue du Pont-Neuf. — La place Charles-

Albert. — Le square des Phocéens. — La rue Saint-François-de-Paule. — Le Cours. — La maison d'Eve. — Les Ponchettes. — La statue de Charles-Félix. — Le Port................. 82

Chapitre IV. — Les Musées. — La Bibliothèque municipale. — La Presse.................... 104

Chapitre V. — « Promenade extra-muros ». — Carabacel. — Cimiez. — Ruines de Cemenelum. La légende de Tatia. — Le crocodile. — Le couvent et le cimetière de Cimiez. — L'abbaye de Saint-Pons. — Le martyre de l'évêque saint Pons.................................. 114

Chapitre VI. — Le château et la grotte Saint-André. — Tourette. — Inscription romaine. — Grotte et ruines de Châteauneuf............ 122

Chapitre VII. — Saint-Etienne; le Piol. — Saint-Philippe. — Le vallon de Magnan. — Le vallon de la Madeleine. — Sainte-Hélène ; Carras. — Le jardin du bois du Var. — Cagnes. — Villeneuve-Loubet. — Vence................. 126

Chapitre VIII. — Le mont Boron. — Le mont Alban. — Villefranche. — Le cap Ferrat. — Saint-Jean. — Saint-Hospice. — Beaulieu. — De Nice à Monaco........................ 134

Chapitre IX. — Saint-Barthélemy. — Le vallon Obscur. — Le vallon des Hépatiques. — Les fontaines : du Temple, Sainte, et de Mourailles. — La cascade de Gairaut. — Les eaux de la Vésubie.................................. 138

Chapitre X. — Saint-Roch. — Le mont Gros. — L'Observatoire. — Bischoffsheim............ 145

CHAPITRE XI. — Le mont Leuze. — Eze. — La Turbie. — Le mont Chauve. — La grotte des « ratapignata ». — Falicon et Aspremont..... 151

TROISIÈME PARTIE.

Nice ville commerciale et industrielle. — Les huiles d'olive. — Les bois de Nice. — La confiserie. — Commerce des fleurs. — Industries diverses ................................................ 157

QUATRIÈME PARTIE. — *La vie mondaine.*

CHAPITRE PREMIER. — La vie mondaine à Nice. — Les bals. — Les matinées. — Les matinées à bord des escadres. — Les concerts............ 171

CHAPITRE II. — Les cercles. — Le cercle Philharmonique. — Le cercle Masséna. — Le cercle de la Méditerranée. — Le Lawn-Tennis-Club. — Le Club Nautique et les Régates............... 178

CHAPITRE III. — Le Théâtre Municipal. — Le Théâtre Français. — Le Casino............... 184

CHAPITRE IV. — Les Courses. — Le Carnaval. — Les Confetti. — Les Batailles de fleurs. — Les Veglioni. — Les Fêtes du Printemps. — Les Régates ........................................ 191

CHAPITRE V. — Monaco et Nice. — Monte-Carlo. — Le Tir aux pigeons. — Les Concerts. — La Roulette et le Trente-et-Quarante. — La question des jeux................................. 201

CHAPITRE VI. — L'été à Nice. — Les bains de mer. — Saint-Martin-Lantosque, Berthemont, La Bollène, etc. ..................................... 210

NICE — IMPRIMERIE V.-EUG. GAUTHIER ET C⁰.

# NICE
# Halle du Cours

## VENTE A LA CRIÉE

*Moyennant une Commission de 5 0/0, tous les Comestibles et Denrées Coloniales sont vendus rapidement et payés aussitôt vente faite.*

Référence chez tous les banquiers.

## Vincent LIBERCIER
### PROPRIÉTAIRE-DIRECTEUR

---

## SPÉCIALITÉ DE JAMBONS ANGLAIS YORK-CUT
De la maison Orange et Taylor.

Adresser commandes (lettres ou télégrammes) à M. Vincent LIBERCIER, Nice. — Seul dépositaire pour les Alpes-Maritimes et le Var.

# NICE
# TERMINUS-HOTEL
### En face la Gare.

## OUVERT TOUTE L'ANNÉE

S. Scherer, Propriétaire.

*Correspondant de la Compagnie Internationale des billets circulaires d'Hôtels.*

---

# BAZAR DU PRINTEMPS
## EUGÈNE JAUME
### NICE, 46, Avenue de la Gare, 46, NICE

Maison spéciale de Jouets pour enfants.
Spécialité de nouveautés pour la danse du Cotillon.
Articles de Fantaisie.
Maroquinerie. — Brosserie. — Parfumerie.
Articles de Bureaux. — Appareils de Gymnastique.
Articles de Ménage.
Meubles pour jardin. — Articles de voyage.
Articles en bois du Pays.
Attributs pour l'arbre de Noël.

# GRASSE
# GRAND HOTEL MURAOUR
## ET DE LA POSTE
### AU JEU DE BALLON

### Mme veuve MURAOUR, Propriétaire.

APPARTEMENTS ET PENSION POUR FAMILLES

RESTAURANT A LA CARTE — TABLE D'HOTE

Confortable et Prix Modérés.

VOITURES DE LOUAGES POUR EXCURSIONS

**Omnibus à tous les trains.**

---

# A LA PENSÉE
## CHEMISERIE DE PARIS

Ancienne Maison A. HÉTUIN
E. BANLIAT, Successeur.

### SPÉCIALITÉ DE CHEMISES SUR MESURE

Gilets de flanelle. — Caleçons.
Faux-Cols. — Cravates. — Mouchoirs.

BONNETERIE POUR HOMMES, ETC.

MONTE-CARLO-MONACO
# HOTEL DE RUSSIE
ET
Restaurant des frères Provençaux.

OUVERT TOUTE L'ANNÉE

SITUÉ EN FACE LES JARDINS DU CASINO

TABLE D'HOTE
Déjeuner : 3 francs. — Dîner : 4 francs.

DÉJEUNER ET DINER A LA CARTE

Cuisine de 1er ordre. — Cave renommée.

**J. J. AMANN**, successeur de G. Voiron.

---

## GRAND ENTREPOT DE MEUBLES
NEUFS ET D'OCCASION

## P. MAZZOLENI
12, place Saint-Dominique et rue du Pont-Neuf, 21
N I C E

SUCCURSALE A MONACO (Condamine).
Rue des Princes, Maison Nave.

## LOCATIONS EN TOUS GENRES

Service pour Dîners et Soirées.

NICE
# GRAND HOTEL DES EMPEREURS
(AGRANDISSEMENT DE L'HOTEL)

34, Boulevard Dubouchage (Carabacel).

*AVIS. — M. Vidal ayant repris la direction de sa Maison, informe la colonie étrangère et ses anciens clients qu'on trouvera chez lui, comme par le passé, soins empressés, confort et prix modérés. Position centrale, plein midi. Jardin. Omnibus à tous les trains.*

---

# LA CURIOSITÉ

Journal hebdomadaire illustré des curieux, des collectionneurs, des archéologues et des bibliophiles.

Directeur : ERNEST BOSC

*Adresser tout ce qui concerne l'Administration et la Rédaction : A M. Ernest Bosc au Val-des-Roses, à Nice. On s'abonne sans frais dans tous les bureaux de poste. — Six mois : 5 fr. ; Un an : 9 fr.*

De tous les journaux qui s'occupent d'art en France, *La Curiosité* est le meilleur marché et le plus répandu. — En vente dans les principales Gares. — UN NUMÉRO : 15 CENTIMES.

---

# AVIS

N'allez pas au Casino sans vous munir de la brochure intitulée :

## MESSIEURS, FAITES VOS JEUX !

Vous y trouverez l'explication claire et succincte d'une méthode *automatique* qui permet de jouer avec quelque avantage au Trente-et-Quarante et à la Roulette, en profitant des séries et des intermittences. Prix : 3 fr., chez tous les libraires.

---

Procurez-vous également le
## CARNET SPÉCIAL DE POINTAGE

qui est en vente chez les principaux libraires de Nice et aux bibliothèques de Monte-Carlo. Prix : 2 fr.

Ce carnet contient : I. Le règlement du Cercle des Etrangers ; — II. Les tableaux de la Roulette et du Trente-et-Quarante avec l'explication de ces jeux ; — III. Le tableau de la valeur des mises à la Roulette ; — IV. Le tableau des voisins (roulette) ; — V. Une double série de tableaux en blanc permettant de pointer TOUTES les chances sorties à la Roulette et au Trente-et-Quarante ; — VI. Des renseignements divers, etc.

# Gve ROY & Co

## COGNAC

Représentés à Nice par M. AITELLI Fils
Boulevard Dubouchage, 37.

## COGNAC ET FINE CHAMPAGNE
### EN FUTS

| | | | |
|---|---|---|---|
| Cognac............... Fr. | 110 | l'hect. | 50° |
| — ordinaire......... | 130 | — | 50° |
| — fin............... | 140 | — | 50° |

*Logé en fût d'au moins 200 litres.*
*Les fûts de dimension inférieure se paient en sus.*

| | | | |
|---|---|---|---|
| Cognac vieux........... | 160 | — | 50° |

*Logé en fût d'au moins 150 litres.*

| | | | | |
|---|---|---|---|---|
| Fine Champagne | 4 ans. | 230 | — | 50° |
| — | 6 ans. | 270 | — | 50° |
| — | 10 ans. | 360 | — | 48° |
| — | 12 ans. | 420 | — | 48° |
| — | 15 ans. | 520 | — | 48° |
| — | 20 ans. | 600 | — | 46° |
| — | 1848... | 1.000 | — | 46° |

*Logé en fût depuis 25 litres.*

## Monaco (Monte-Carlo)

# GRAND HOTEL VICTORIA
## ET ANNEXE

### REY FRÈRES, Propriétaires

Position exceptionnelle. Maison spécialement recommandée aux familles. Cet hôtel, composé de 150 chambres, salons et salles de bains, est situé dans une position magnifique, d'où l'on domine Monte-Carlo, la Condamine, Monaco et la mer. Vaste jardin. Omnibus à la gare de Monte-Carlo.

Le seul hôtel possédant un Lawn-Tennis.

Specially recommended to famely. Situated in the centre of a large garden full south. Superb view on the sea and the town. Climateric position. Apartments furnished with all modern confort. 150 rooms. Table d'hôte and restaurant. Conversation reading, billard, and bath rooms. Stables and coach houses.

The only hotel having a Tennis Ground.

# AGENCE DALGOUTTE
## Fondée en 1854.

LOCATION D'APPARTEMENTS ET VILLAS

Vente et Achat de propriétés.

INVENTAIRE. — ESTIMATION

Rue Croix-de-Marbre, 2, Jardin-Public.

NICE

---

NICE
# Grand Hotel Milliet
## Maison de premier ordre.
### PLEIN MIDI
Ascenseur desservant tous les étages.
MEYER, Propriétaire.

---

## NICE ET MONACO A TRAVERS LES AGES
### CHRONIQUES ET LÉGENDES
#### Par Alexandre LACOSTE

Ce bel ouvrage (in-quarto Jésus), illustré par Just Simon, imprimé et édité avec luxe par la Maison Malvano-Mignon, 62, rue Gioffredo, est un résumé aussi attrayant qu'instructif de l'histoire de Nice et de la Principauté de Monaco. Les faits les plus saillants de leurs annales y sont présentés sous une forme romantique qui en augmente l'intérêt.
En vente chez MM. Malvano-Mignon et chez les principaux libraires. Broché : 6 fr. ; relié : 8 fr.

# TIR AUX PIGEONS

## DE MONACO

OUVERTURE VERS LE 15 DÉCEMBRE

---

## CONCOURS SPÉCIAUX

### et Tirs d'exercice.

---

## GRANDS CONCOURS INTERNATIONAUX

*en Janvier et Mars*

PENDANT LES COURSES ET LES RÉGATES DE NICE

---

*Poules à volonté.*

---

TIR A DISTANCE FIXE

---

# HANDICAPS

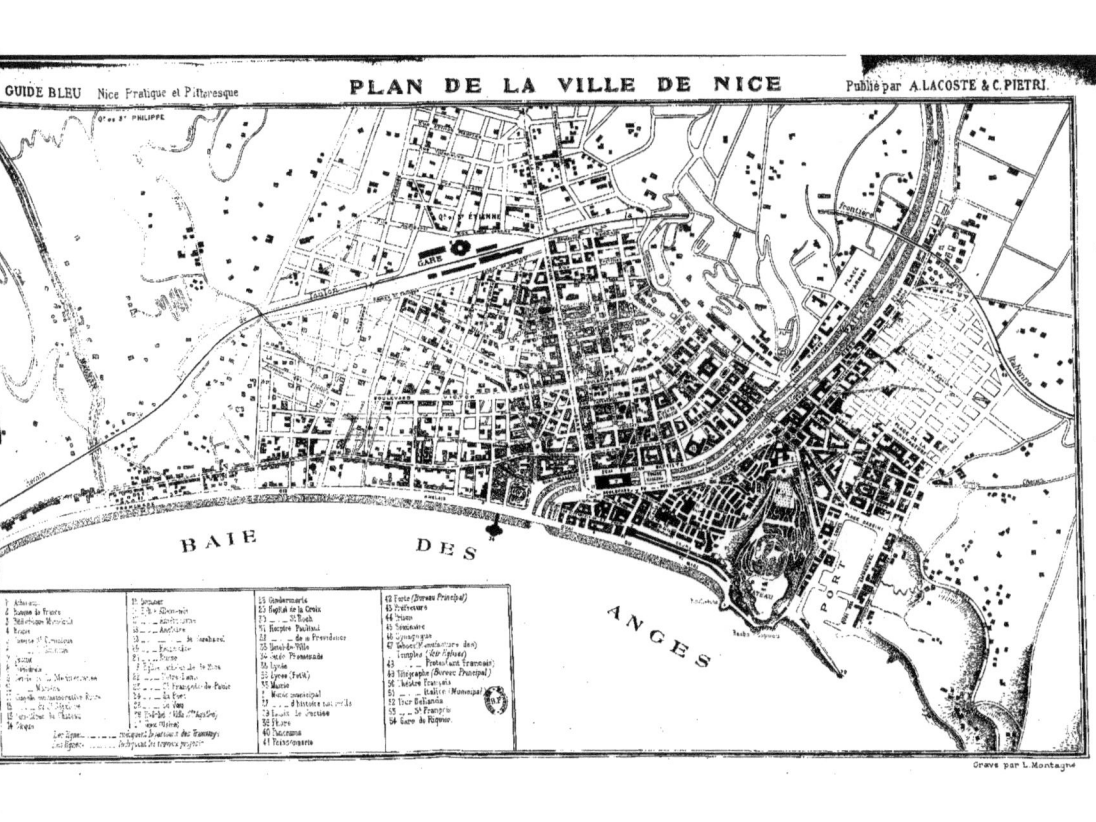

www.ingramcontent.com/pod-product-compliance
Lightning Source LLC
Chambersburg PA
CBHW071859160426
43198CB00011B/1157